アジア新興国のビジネス

スタートアップから財閥まで

澤田貴之［著］

創 成 社

はしがき

1970年代後半にアジアNIEs（韓国、台湾、香港、シンガポール）を皮切りに、アジア経済の躍進が伝えられてから随分と時間が経過したものである。その後、成長拡大を続けるアジア経済圏は中国、ASEAN、インドをはじめとする南アジアも含めて、30年前とは比較にならないほどのGDPと市場規模にまで拡大を続けてきた。

これらアジア新興諸国の経済をけん引してきたのは言うまでもなく民間企業部門である。それらの大半は財閥、同族経営を特徴としており、アジアNIEsや先発ASEANのように三世代目経営に入っている老舗財閥から、中国の創業者世代の大企業グループまで実に多彩である。こうしたビッグビジネスに対して、スタートアップ企業の一群も勢いを増している。

前著『アジアのコングロマリット』ではビッグビジネス、財閥に焦点を当ててきたが、今回はスタートアップから巨大化した未公開企業ユニコーンにも焦点を当てることにした。ユニコーンやスタートアップが成長するためには、先行し成功を遂げた企業やベンチャーキャピタルなどがいち早く投資を行い、循環的にスタートアップを支援していくエコシステムの形成が欠かせない。

米国ではユニコーンのバブル的な状況も伝えられながら、拡大アジア圏では外資系企業やベンチャーキャピタルなどが入って、エコシステムが機能しつつ、第二、第三創業を目指す既存の財閥の若手経営者からスタートアップの経営者に至るまで多くのアントレプレナーたちを生み出してきた。そして、その流れは本物のユニコーンとスタートアップを求めてさらに勢いを増している。

本書では主にアジア新興国の多彩なビジネスも紹介しており、経済成長を支える多くのアントレプレナーたちの熱気を、ネガティブな部分も含めて少しでも感じていただければ、あるいは議論の種としていただければ、著者として望外の幸せである。

2020年1月

著者

目　次

はじめに

第1章　アジアの富豪たちとビジネス……1

1　アジアの富豪たち／2　ビジネスと富豪形成の比例関係／3　アジアでは同族企業が主流／4　同族企業の優位性と持続性

第2章　アジアの多国籍企業……27

1　国の経済と多国籍企業／2　多国籍企業とは／3　多国籍企業の事例　東南アジアの場合

第3章　アジアのユニコーン……51

1　ユニコーンとは？　ユニコーンはなぜ増え続けたのか？／2　中国とインドのユニコーン／3　東南アジアのユニコーンとVC、CVC

第4章
アジア企業のイノベーションとビジネスモデル……79
1 アジア発イノベーション／2 新興国発イノベーションは普及するか／3 現地適応とリバースイノベーション

第5章
ホスピタリティとアジアの企業……103
1 観光・ホスピタリティ産業の優等生 タイ／2 ラグジュアリ・リゾートホテルとインバウンド／3 医療ツーリズムの先発者たち

第6章
飲食市場としてのアジアとアントレプレナーズ……121
1 世界一の胃袋／2 ハンバーガーとアジア／3 カフェとアジア

第7章 人の移動とアントレプレナーズ……141
1 移民と経済開発／2 構造化された出稼ぎ労働とグローバリゼーション／3 米国におけるアジア系起業家たち

第8章 アジアの財閥はどこへ向かうのか……161
1 なぜ新興国では財閥は衰退しないのか／2 世襲制をめぐる攻防 韓進財閥（韓国）の場合／3 韓国財閥の歩みを振り返る／4 世代交代へ向かうアジアの財閥

第9章 バイクメーカーとアジア……181
1 日系バイクメーカーの成功と国内外市場／2 ホンダの奇跡とアジア進出／3 国内と海外市場のギャップに立脚した日系メーカー／4 世界一の製造国・販売市場としてのインド／5 ホンダとインド

索引 i

第1章

アジアの富豪たちとビジネス

1. アジアの富豪たち

かつて富豪の呼び名として定着していたミリオンネア（100万長者）は、今やインフレの進展によっていつの間にかビリオンネア（億万長者、10億ドル）に入れ替わってしまった。それだけ100万ドル（約1億1千万）の価値が減少してしまったことを示している。今やその名残りは「100万ドルの夜景」という表現にしか見られないのかもしれない。香港の夜景もいずれ「10億ドルの夜景」と呼ばなければ、つり合いがとれないということになろう。

格差を別にすれば、100万ドルといえば、日本の平均的なサラリーマンの生涯賃金の二分の一相当にあたるとされ、決して夢のような所得や資産というわけではなくなっている。アジアで日本より国民の所得水準が高いとされるシンガポールでは4人に1人が金融資産100万ドル以上を保有している。しかし、日本の平均的なサラリーマンもシンガポールの比較的富裕な国民も富豪の呼び名であるビリオンネアではないし、誰もこうした人々を富豪と呼ばない。

ただし、富豪たちを生み出す土壌には一定額以上の資産を保有する人口をどれだけ抱えているかということも大きく関わっている。例えば小国モナコなどのようにタックスヘイブン（租税回避地）に世界の富裕層が集中したとしても、人口規模という面からは受け入れに限界があり、それはあくまでも税制優遇措置や資産管理運用面などの制度インフラによって富裕層を惹きつけてきただけにすぎず、ＧＤＰ規模、言い換えれば経済活動そのものの規模とは別の話である。

ＧＤＰの規模と富裕層の人口規模は当然のごとく比例しており、香港を含む国別の３、０００万ドル（約32億円以上）以上の純資産を持つ人口ランキングは、２０１９年のデータ（Wealth-X2019 World Ultra Wealth Report）では１位米国８万１、３４０人、２位中国２万４、９６５人、３位日本１万７、８５５人、以下ドイツ、カナダ、フランス、英国、香港、イタリア、スイスと続いている。この10ヵ国に世界の富裕層の72％が居住していることになり、米国だけで31％を占めていることになる。

アジア圏ということで注目するならば、日本を除いて中国・香港の富裕層はイメージ通りなのかもしれない。他方で所得格差が存在し人口規模の大きい国では富裕層の絶対数が多くても、一般の国民の間では実感のないものとなろう。また１人当たりＧＤＰで見た場合、アジアではシンガポール、香港が日本を上回っている。こうした統計から日本の富豪たちが世界・アジアでどのような位置にあるかを教えてくれるのが、米国フォーブス誌によって毎年発表されているビリオンネアランキングである。

米国フォーブス誌が毎年発表するビリオンネア順位において順位の入れ替えはあるもの

の、30年前後の長期的な単位は別として、10年単位で見る限り、常連となっている富豪たちの顔ぶれは大きく変わるものではない。２０１９年はアマゾンのジェフ・ベゾスを筆頭にして上位10位までは米国人だけで7名で、残りも欧米人でほぼ占められている。新興国からランク入りしているのは5位常連組のメキシコのカルロス・スリム・ヘルくらいである。

民営化の波が押し寄せた１９９０年代のメキシコで、通信事業会社テレメックスを買収したカルロスは、通信事業で独占的な地位を獲得しラテンアメリカ一体に事業領域を広げ、フォーブスでは過去複数回1位になっている。ただ日本での知名度は高くない。10位圏の常連組として知られているのはベゾス以外ではマイクロソフトの創業者ビルゲィツ、投資会社バークシャー・ハザウエイのウォーレン・バフェット、フェイスブック創業者マイケル・ザッカーバーグなどの米国人たちである。

彼らの資産額はベゾスの1、３１０億ドルを筆頭に10位圏内はいずれも５００億ドル以上である。彼らの資産額は円換算で6兆円前後、またはそれ以上の額に達している。それではアジア勢はどうなっているのかを示したのが表１－１である。アジアのトップは13位につけたインドのムケシュ・アンバニである。ここ数年間でアジア勢においてはランキングの変更が起きているが、30位までを見る限り、中国・香港勢の優位は動いていない。

２０１９年にはジャック・マーが引退を発表し、アジアを代表するビリオンネアだった李嘉誠もすでに経営の第一線から退いている。アンバニは石油化学・通信事業などのコングロマリットを率いる二代目だが、創業者の死後、弟のアニルとの間に軋轢が生じ、アニルは兄の事業と重複するリライアンスADAグループを率いている。2008年ランキングでは両者共10位圏に入っていたため、グループが統合されていたならば、アンバニ兄弟は世界一の富豪ではないかということが一時期言われたことがある。

2000年代に数多くのM&Aで鉄鋼王となったラクシュミー・ミッタルはインド系でかつて上位に入っていたが、鉄鋼産業の不調もあって近年では上位に顔を出していない。ちなみに世界最大の鉄鋼会社アルセロール・ミタルはルクセンブルクに本社があり、居住地とビジネス拠点は欧州であるため、厳密にはインドのビリオンネアではない。インドはその市場と人口規模、中国以上の経済成長率から、1,000位以内に入った新興国のビリオンネアとしては最も人数が増えている。

インドのビリオンネア数106人は日本の36人、韓国の40人、英国54人、香港の71人を上回っている。米国の607人を筆頭にインドより多いのは中国の324人、ドイツの114人となっており、アジアで2番目、世界でも4番目に位置している。

表1－1　アジア圏ビリオンネアランキング30位以内の富豪たち（2019年）

順位	名　前	資産額（10億ドル）	事　業
13	ムケシュ・アンバニ（インド）	50.0	リライアンス・インダストリーズ
20	マ・ファテン（中国）	38.8	テンセントCEO
21	ジャック・マー（中国）	37.3	アリババグループ共同創業者
22	ホイ・カーヤン（中国）	32.6	エバーグランデグループ（恒大集団）
28	李 嘉誠（香港）	31.7	長江実業創業者，CKハチソンホールディングス，CKアセットホールディングス シニアアドバイザー
29	李 兆基（中国）	30.1	不動産事業（恒基兆業地産）
番外　41	柳井 正	22.2	ファーストリテイリング（ユニクロ）
43	孫 正義	21.6	ソフトバンクグループ
54	R・ブディ・ハルトノ（インドネシア）	18.6	BCAグループ
56	マイケル・ハルトノ（インドネシア）	18.5	BCAグループ
65	イ・ゴンヒ（韓国）	16.9	サムスングループ
75	ダニン・チャランポカバン（タイ）	15.2	CPグループ

出所：Forbes, The World's Billionaires 2019より作成.

言うまでもなく、これら上位組は企業の創業者かその一族で占められている。そして何と言ってもその資産の大半が株式であるため、会社の成長とともに保有する株式の時価総額が増加するため彼らの資産も膨れ上がることになる。少なくとも上位組にはどんなに報酬額が多くとも専門経営者・非オーナーCEOは顔を出すことはほとんどない。また、メジャーリーガーやNBAプロバスケットボール、サッカーのスターたちの報酬額や所得がいかに巨額であっても、上位のオーナー経営者・一族の資産にはおよばないのである。専門経営者は富豪であってもあくまでも雇われの身にすぎないのである。

フォーブス・ビリオンネア国別のランキングはあくまでも個人だが、実際にはファミリーそのものの資産をあらわしていると言ってもよい。中国本土を除く3世代以上続く一族ごとにアジアでランキングをつけたフォーブスのAsia's 50 Richest Familiesの上位には、毎年サムスングループの李、タイのCPグループのジアラワノン、インドのリライアンスグループのアンバニが常連組として顔を出しており、東南アジアではインドネシアのジャルムグループのハルトノ、シンガポール・マレーシアのホンリョングループのクウェック、フィリピンSMグループのシーなども上位組である(1)。

アジアの上位富豪一族の約6割は東南アジアを含めて華人系で占められ、次にインド系という順位になる。後述するように、こうした同族としての華人系の富豪ぶりのイメージは、今や広く世界に浸透していると言っても過言ではあるまい。株式が主要な資産であるため、株式時価総額の上昇によってランキング入りしている富豪・ファミリーの資産額も増え続けてきた。富裕層全体も他の地域に比べてアジアでは増え続けてきた。

これらファミリーの資産額が巨額になるのには、同時にファミリーメンバーが経営に携わる同族経営であることが一つの理由として挙げられる。常連組に交じって2019年のファミリー上位には香港からオイスターソース「李錦記」で有名な李 文達一族（30位）が入っており、李 文達会長で3代目、現在5代目までが経営に関与している。極端なまでの直系血族による経営哲学を貫徹し創業130年の歴史を誇っている。[2] タイからはエナジードリンクで有名なレッドブルの共同創業者チャルーム・ユーウィタヤーとその一族も22位に顔を出している。

こうした華人系富豪の富裕ぶりとイメージは、今や世界的に浸透しており、シンガポールの財閥を描いて2018年にヒットしたハリウッドのコメディ映画「クレイジー・リッチ（Crazy Rich Asians）」によく表現されており、非華人系でも韓流ドラマで描かれている財閥一族の豪華な生活は日本人視聴者にもおなじみのものとなっている。

2．ビジネスと富豪形成の比例関係

日本を除くこうしたアジアのビリオンネアの台頭は、先に述べたようにアジアの企業の台頭を意味する。そこで次にフォーチュンの企業ランキングを見てみることにしよう。例えば売上高で見た世界の上位５００企業、いわゆるフォーチュン・グローバル５００の変遷だけ見てもそうした傾向は顕著であることがわかる。売上ランキングにおいても国籍別では米国が圧倒的な地位を占めているが、ここでも中国系企業の台頭には著しいものがある。

中国系企業の台頭は２０００年代以降目立つようになってきたが、グローバル５００における それら企業の大半は資源関連・銀行などの国有企業であって、規模の大きさからすればアジア系企業の中で突出していてもおかしくはない。民間企業では日本のトヨタを除けば、アジアからはサムスンと台湾の鴻海のみが30位以内に入っているにすぎない。

２００位以内に入っている主なアジア系民間企業を列挙すると、リライアンスを除けばSK、現代など韓国勢が目立つ。それだけ韓国企業が世界市場で存在感を高めてきたことを示しているケースが多いからである。ただし企業規模からすれば、全体としてアジア系民間企業は欧米系企業にまだまだおよばないということを意味しているのであろうか。答えは半分イエス、半分ノーと言えるかもしれない。なぜならばグローバル５００のほとんどは中核の単体企業のみを取り上げているからである。欧米系企業も傘下企業がありグループを形成している場合が多いが、アジア系の場合はより裾野が広く規模の大きいコングロマリットを形成していることが多い。

韓国系企業が200位内に顔を出しているのは持ち株会社化が上位財閥でそれほど進展していないにもかかわらず、LGやSKでは持ち株会社としていることで売上総額が大きくなっているからだと思われる。実際にサムスンはグループ全体で韓国GDPの約20％を占めているといわれる。このようにランキング下位に入っているアジア系企業には、規模の点で過少になっているケースが多いことに注意しなければならない。

アジアを含む富豪の形成は同時に彼らが携わるビジネスの拡大発展に比例しており、創業者を含むオーナー経営者、同族経営の場合、「富豪＝経営者」であって、別の意味では所有と経営が分離されていないことを意味する。そしてこうした富豪たちの保有資産のほとんどが株式であるため、企業の規模拡大に伴って資産が上昇することになる。むろん逆も同じで経営不振や国内株式市場の低迷によって資産が減少することもある。

グローバル500は上場企業であるため、概ね売上高と株式の時価総額は比例しやすく、同時にオーナー、同族であればその資産額も比例して莫大になることは白明である。しかし財閥や同族経営には非上場を選択しているケースも多いという特徴がある。香港の李錦記などはこの例にあてはまる。またグループ企業のいくつかが上場していても、持ち株会社は非上場というケースも珍しくない。

　持ち株会社制を採っていなくても同族企業は実質的な持ち株会社をサムスングループのように複数持っていたり、アジアではその資産を管理するファミリーオフィスを持っている場合が多い。ファミリーオフィスはもともと欧米の同族企業が用いる一種の資産管理会社で、日本だとサントリーホールディングス（非上場）の株式の大半を保有する寿不動産が有名である。ファミリーオフィス自体は富裕層向けのプライベートバンキングが発達したもので、弁護士、会計士、バンカーを抱え資産運用・管理から子弟の教育（大学への入学、留学など）まで幅広い役割を担っている。

　このようにアジアの富豪たちとそのビジネスは、グローバル企業であっても同族経営が主流で、コングロマリット化する傾向があるため富が蓄積されやすい構造を生み出している。ただし、コングロマリット化する傾向が少ない欧米先進諸国でも同族企業経営は広く見られることから、バーリーとミーンズ（Berle & Means［1932］）の「所有と経営の分離」や専門的経営者の台頭を企業経済の発展とみなす立場とは逆に、ランデス（Landes［2006］）のように同族経営について経営面での優位が存在することを強調する研究者も多い。

3. アジアでは同族企業が主流

そもそも同族企業の定義とはどのようなものだろうか？　この点について世界的に見て残念ながら統一的な定義はないのが現状である。過去に企業データを用いて定量分析を試みた研究者の定義は、概ね創業者一族の株式保有比率と経営トップ（会長、社長、ＣＥＯ）の地位を創業者一族が占めているか否かに絞られてきた。ところが研究者とその調査によって保有比率や経営トップの位置づけが異なっているために、それらの相関分析の結果については一定の留保が必要となっている。また国際比較を行う場合、会社法などの関係法が異なる点にも注意が必要となる。

参考までに日本の法人税では上位3株主の持ち株比率が50％以上であれば「同族会社」と定義している。しかしすぐに気が付くように、この定義では専門経営者側が過半数を確保している場合や、すでに創業者一族の持ち分が上位3株主に及ばなくなっている場合など明らかに同族企業ではない企業も含むことになる。

このため同族企業よりもより広い範囲でファミリービジネスという呼び方と定義を用いる場合が多い。わが国ではファミリービジネス協会やファミリービジネス学会があり、多くの関連研究者は創業者一族の保有比率が少数でも一族が経営に関与している場合をファミリービジネスと呼んでいる。

世界の同族企業を売上高からランキングしたベスト500社が、毎年スイスのザンクト・ガレン大学のトーマス・セルヴィガー教授らによって集計・発表されている。集計に際しての同族企業の定義もしくは基準は、非公開企業の場合、議決権の50％以上、公開企業の場合、親族が32％以上の株式を保有していることである。後者の基準はOECD加盟諸国では株主総会での議決権行使が30％以上であるからとしている。

2019年現在の売上高ベスト500社から上位の顔ぶれを知るために上位50位までを見ると、ある重要かつ逆説的な特徴に衝撃を受けるかもしれない。上位50位にはウォルマート（ウォルトン一族）を筆頭にフォード（フォード一族）など名だたる米国企業が顔を出しており、これらは紛れもなくグローバル企業――多国籍企業と言い換えてよいが――だからである。ランキング入り500社すべてを見回すと、2位のフォルクスワーゲン（ポルシェ一族）を筆頭に欧州が一番多く、次いで米国となっている。アジアを含めた新興国は意外と少ないのである。しかも4代目以降が4割以上と老舗企業の多さも目立っている。

50位圏には18位LGコーポレーション（具一族）、21位香港のCKハチソンワンポア（李一族）、26位リライアンスインダストリーなど5社しか入っておらず、欧米企業との間に売上規模で大きな差があることは否めない。欧米先進国企業と新興諸国企業との差と言えるわけだが、すでに言及したようにこれら企業の多くは、グローバル500のように単独・中核企業であって、コングロマリットの形態をとっているケースが多い。ランキングした代表的なアジア企業・ビジネスグループでは、どうしても売上高の数値が過少になってしまうという事情も考慮する必要がある。

実際サムスンより規模の小さいLGが最上位に入っているのは、持ち株会社であるためグループの連結決算によって売上規模が大きくなっているからである。31位のインドのタタモーターズ、85位のTCS（タタ・コンサルティング・サービシーズ）は共にタタグループである。東南アジアの企業は100位圏外だが、タイの113位CPオール（タイでセブンイレブンなど運営）もCPグループの中核企業の一つにすぎない。つまり欧米よりもコングロマリット化が進んでいるアジアの同族企業の多くは、このランキングに示されているよりも売上規模はより大きいということになる。

ウォルマートの場合、創業家メンバーの保有比率が高いため、フォーブスのビリオンネアランキング常連となっていた。しかしながら経営そのもののツートップは専門経営者が担っていることに注意を払われたい。創業家の保有比率の大小にかかわらず、米国企業の場合、創業家の経営への影響力を残しつつ、世代を経ることで専門経営者の台頭も著しくなるという傾向がある。つまり所有と経営が未分離のままでも、それだけヒューマンリソースとしての専門経営者市場というものが存在し、創業者一族、世襲経営者にとっては実績あるＣＥＯをヘッドハンティングした方がプレイヤー能力としての能力保証に加えて、世襲経営者の負担もなくなるというメリットがある。もし期待した業績を上げることができなければ、首をすげ替えれば良いことになる。

ウォルマートの場合、創業者サム・ウォルトン以後、長男のＳ・ロブソン・ウォルトンが後を継いで会長となったが、現在は取締役にとどまって会長とＣＥＯは外部の専門経営者に委ねている。ウォルトン家からはロブソンを含めて２名が経営に参画しており、創業家一族は公開企業にもかかわらず50％超の株式を保有している。

１９９８年に設立されたグーグルの場合、創業者世代であっても早い段階で共同創業者のラリー・ペイジとセルゲイ・ブリンは、経営者を退いて親会社のアルファベットの大株主、投資家に転身している。(3) 意外に同族企業が多くても創業者がトップとして経営に固執するケースは少なく、老舗企業のフォードやディズニーなども同じである。専門経営者 ＣＥＯ市場が発達していることと、成功した経営者が投資家側に転身するのも米国では珍しいことではない。

他方でアジアでは創業者一族が経営権に固執し財閥が形成されていることが多い。韓国、台湾、香港、先発ＡＳＥＡＮ諸国（シンガポール、マレーシア、タイ、インドネシア）、インドでは売上高上位企業の多くは財閥の傘下にある。アジアの財閥の多くは三世代目以降を迎えようとしている。こうした「財閥＝同族経営」の持続性が何によってもたらされているのか、もう少し踏み込んだ考察を次に加えてみよう。

4. 同族企業の優位性と持続性

同族企業がなぜ持続するのかという問題については現在までのところ以下の理論的な説明が定着している。

(1) 資源ベース理論

ファミリービジネスの持つ経営資源、例えば名声に基づく社会的信用や他社が模倣できない技術などを持っていることからその持続性を説明するものである。ただし、これらの経営資源には永続性がないため、資源の更新やイノベーションの創出をどのようにして行うのかという問題がある。

(2) エージェンシー理論

株主であるプリンシパルと株主から経営の委託を受けた（専門）経営者であるエージェン

シーは会社の繁栄を願うという点では一致していても、その方向性において必ずしも利害が一致するとは限らない。プリンシパルは高い株価を求め、高い配当金を要求しがちである。これに対してエージェンシーは会社の中長期的な成長を志向しがちである。両社の利害が一致しないことでいわゆるエージェンシーコストと呼ばれるものが高くつくことになる。

両社の不一致が拡大し続ければ、経営戦略や会社オペレーション自体にも重大な支障をきたすことになる。ところが同族・ファミリー企業では所有と経営が一致しているために、そもそもエージェンシーコストが発生しにくいことになる。株主の圧力から自由なオーナー経営者は中長期的にリスク許容度の高さや決定と行動の迅速さが増す反面、企業不祥事や放漫経営も招きやすくなる。この場合、企業統治（コーポレートガバナンス）をどうするかということが、非同族企業以上に大きな課題となる。

（3） 社会情緒的資産理論

ゴメス・メジィアたちによって近年普及しているのが、社会情緒的資産理論（socio-emotional wealth）である。その名称が示すとおり、創業者一族はファミリー、家と会社を一体としてみなしており、それは必ずしも経済的な合理性に基づくものではないということである。日本の商家では江戸時代から「家産」という概念があるが、これに似たものと言える。

会社と家族が一体である限り、米国の創業経営者にしばしば見られるように成功して会社を売却した後、投資家として余生を過ごすという行動形態とは逆のものである。

むろん米国においても経営権を含む創業者一族の会社との情緒的な一体化は見られる。経営オペレーションから撤退して投資家となる道もあれば、経営権に固執するという道もあるわけである。ただこの理論における説明は経営世襲制の持続を説明することにおいてのみ説得的であるにすぎない。(4)

以上の3つの理論は同族・ファミリービジネスの継続について説得性があるものの、所有と経営を軸にして経営そのものがどのように展開していくのかという方向性を見出せていない。社会情緒的資産理論についても家族と会社の一体化は、経営権に関わる創業家メンバーにとって会社資産と個人資産の区別をわかりにくくすることで、メンバーにとって経済合理性を有するという側面もある。

同族企業・ファミリービジネスにおいて、いわゆる公開・非公開企業であることを問わず、老舗大企業がそうでない非オーナー企業に対してさまざまな経営指標で見た場合、高いパフォーマンスを発揮してきたことは多くの同族経営研究で指摘されてきたことで、その基底には、トップの任期の長さ、迅速な経営判断、外部人材の登用、株主圧力の回避などがあった。これらは企業経営にとって両刃の剣になりうることもあるが、専門経営者においても同じような状況を創り出せれば、長期的な視点から同じように高いパフォーマンスを持続することが可能であることを示唆している。

同族企業をアリ、非オーナー企業をキリギリスと表現したMiller and Breton-Miller [2005]の研究によれば、戦略面で前者は、本質的ミッション主導型で、長期的な結果を指向するのに対して、後者は利益主導型で、早急な結果を指向するという。そして成功している企業には、Continuity（継続性＝夢の追求）、Community（コミュニティ＝同族集団のまとめ上げ）、Connection（コネクション＝良き隣人であること）、Command（コマンド＝指揮権、自由な行動と適応）の4つの構成要素が共通して見られ、この4つのCが調和してベストプラクティスが生みだされるのだという。(5) これらの実践は専門経営者集団においても可能であるが、同族企業により有利なものとなっている。

創業者一族による株式の大量保有と複数の一族の取締役への就任を前提とした同族企業の定義は、実は新興国、とりわけアジアの多くの財閥の名前をランキングからはじき出してしまうことになるため注意が必要である。財閥の多くがたとえ公開企業であっても、持ち株会社や旗艦企業における明確な保有比率は欧米企業ほどはっきりと眼に見えるものではないからである。このことはかつての日本の株式持ち合い制や韓国の循環出資などの複雑なグルー

表１－２　フォーチュン・グローバル500（2019年）

順位	会社名	主な業種	国	売上高（百万ドル）
1	ウォルマート	小売	アメリカ	514,405
2	中国石油化工集団（シノペック）	石油	中国	414,650
3	ロイヤル・ダッチ・シェル	石油	オランダ	396,556
4	中国石油天然気集団	石油	中国	392,977
5	国家電網（ステートグリッド）	電力配送	中国	387,056
6	サウジアラムコ	石油	サウジアラビア	335,905
7	BP	石油	英国	303,738
8	エクソンモービル	石油	アメリカ	290,212
9	フォルクスワーゲン	自動車	ドイツ	278,342
10	トヨタ	自動車	日本	272,612
11	Apple	コンピュータ	アメリカ	265,595
12	バークシャー・ハザウェイ	投資，保険	アメリカ	247,837
13	Amazon.com	インターネットサービス	アメリカ	232,887
14	ユナイテッドヘルス・グループ	ヘルスケア	アメリカ	226,247
15	サムスン電子	電機	韓国	221,579
16	グレンコア	商品取引	スイス	219,754
17	マッケソン	ヘルスケア	アメリカ	214,319
18	ダイムラー	自動車	ドイツ	197,515
19	CVS ヘルス	薬局・ヘルスケア	アメリカ	194,579
20	トタル	石油	フランス	184,106

順位	会社名	主な業種	国	売上高（百万ドル）
21	中国建築工程	建設	中国	181,525
22	トラフィルガグループ	石油卸売	シンガポール	180,744
23	鴻海精密工業	電子機器製造	台湾	175,617
24	エクソールグループ	投資	オランダ	175,110
25	AT&T	通信	アメリカ	170,756
26	中国工商銀行	銀行	中国	168,979
27	アメリソース・バーゲン	医薬品卸売	アメリカ	167,940
28	シェブロン	石油	アメリカ	166,329
29	中国平安保険	保険	中国	163,597
30	フォード・モーター	自動車	アメリカ	160,338

30位圏外の主なアジア系企業（民間企業，日本除く）

61	ファーウェイ	通信	中国	109,030
73	SK ホールディングス	通信	韓国	95,905
94	現代自動車	自動車	韓国	87,999
105	リライアンスインダストリーズ	重化学・石油	インド	82,331
171	POSCO	鉄鋼	韓国	59,223
185	LG エレクトロニクス	電子	韓国	55,757

出所：Fortune Global 500 List 2019 より作成.

プ間の株式保有が示している。

財閥そのものの定義は同族支配に加えて多角化していることであるが、そのことによって同族個人の保有以上に、グループ企業間での株式保有が普通となっている。株式保有比率ではなく、同族の取締役数など経営権への関与度合いからランキングを集計したならば、日本企業、新興国の財閥はより多く顔を見せるに違いないが、いずれにしても要諦として理解しておかなければならないことは、実際にはファミリービジネスの定義と指標においては大きな地域的な偏りはないということである。さらに国別に売上高や企業規模（時価総額）でランキングを提示するならば、韓国や東南アジア、インドではほとんどが同族企業、より正確にはファミリービジネスということになろう。それらは例外なく財閥と呼んで差し支えなかろう。

図1－1は大規模・多角化・同族支配の三要素が財閥・コンツェルンであると同時にコングロマリットを形成し、多国籍化・グローバル化へ進むという時系列をあらわしたものである。森川［1980］などの財閥研究では、同族支配と多角化が財閥であることの要件とされている。その場合、グループの規模も大きいことから、これら3つの要素（サークル）が重なれば財閥と称されるようになる。この場合コンツェルンとも称される。問題は多角化の程度である。異業種も入れた事業ポートフォリオで2つ以上の異なる業種の規模が市場シェ

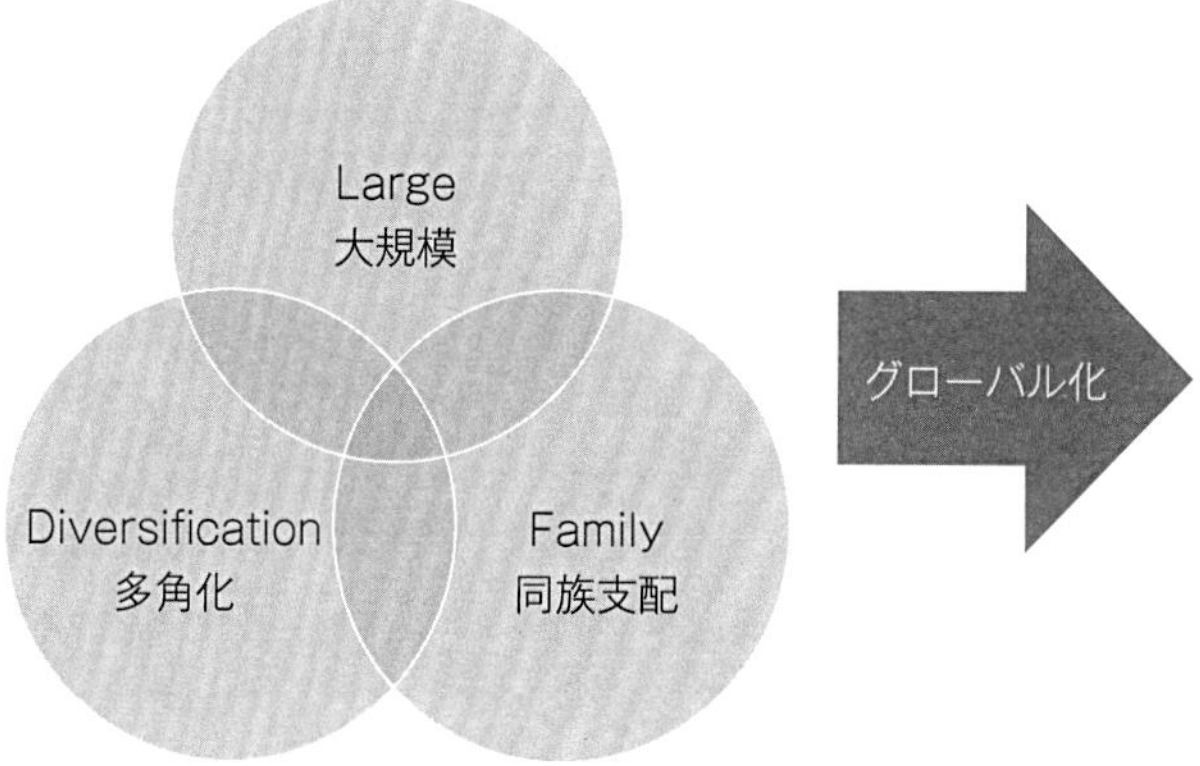

図1－1　財閥・コンツェルンの3要素

出所：筆者作成。

アでトップクラスか、少なくとも上場以上の規模ならばコングロマリット（複合企業体）と呼ぶことができよう(6)（澤田［2017］第1章）。

アジアの大企業がこうした特性を備えて成長発展を遂げてきたことを前提として見ておく限り、どうしても財閥やファミリービジネスの持続性が焦点となるところである。規模と多角化が進展していく中で、新しい海外市場開拓も財閥にとって新しい課題として浮上せざるをえないが、ここでグローバル企業化・多国籍企業化が、次章のトピックとなるのである。

【注】

（1）中国の民営企業部門の経営者はまだ創業者世代がほとんどであるため、ここでは含まれていない。

（2）Blake Schmidt［2019］

（3）正確にはグーグルに対するコントロールは、グーグルのトップを退任した2015年以後もラリー・ペイジ、セルゲイ・ブリンがそれぞれ、グーグルの親会社アルファベットの最高経営責任者（ＣＥＯ）と社長のポストにあったため維持されていた。両氏は２０１９年末にアルファベットのトップも退任した。ただし、共にアルファベットの主要株主であるため同社取締役会にはとどまっている。

（４）このあたりの学説サーベイについては入山・山野井［２０１４］、奥村［２０１５］を参照。

（５）同邦訳版、第2章。

（６）澤田［２０１７］第1章。

参考文献

入山 章栄・山野井 順一［２０１４］「世界の同族企業研究の潮流」組織学会『組織科学』Vol.48 No.1。

奥村 昭博［２０１５］「ファミリービジネスの理論　昨日、今日、そしてこれから」『一橋ビジネスレビュー』２０１５ AUT。

澤田 貴之［２０１７］『アジアのコングロマリット―新興国市場と超多角化戦略―』創成社。

―――［２０１１］『アジアのビジネスグループ　新興国企業の経営戦略とプロフェッショナル』創成社。

森川 英正［１９８０］『財閥の経営史的研究』東洋経済新報社。

Berle, A. A. & Means, G. C. [1932] *The Modern Corporation and Private Property*, New York.（北島 忠男訳『近代株式会社と私有財産』文雅堂銀行研究社、１９５８年）

Blake Schmidt [2019] "A $15 Billion Oyster Sauce Family Plots to Survive 1,000 Years", Bloomberg（https://www.bloomberg.com/news/articles/2019-08-29/ε-15-billion-oyster-sauce-family-plots-to-survive-1-000-years）

Gersick K., J. A. Davis, M. M. Hampton and I. Lansberg [1997] *Generation to Generation : Life Cycles of the Family Business*, Harvard Business School Press.（岡田 康司監訳『オーナー経営の存続と継承』流通科学大学出版、１９９９年）

Gomez-Mejia, L. R., C. Cruz, P. Berrone, and J. DeCastro [2011] "The Bind that Ties : Socioemotional Wealth

Preservation in Family Firms", *The Academy of Management Annals* 5(1).
Landes, David S. [2006] *Dynasties : Fortune and Misfortune of the World's Great Family Business*, Viking Adult.（中谷 和夫訳『ダイナスティ　企業の繁栄と衰亡の命運を分けるものとは』ＰＨＰ研究所、２００６年）
Miller Danny, Isabel Le Breton-Miller [2005] *Managing for the long run*, Harvard Business School Press.（斉藤 裕一訳『同族経営はなぜ強いのか?』ランダムハウス講談社、２０１５年）

第2章

アジアの多国籍企業

1. 国の経済と多国籍企業

1970年代後半以降、中国経済が成長拡大する以前に——巨龍（中国）が現れる前に——、今はほとんど死語と化した四小龍（韓国、台湾、香港、シンガポール）が輸出指向型発展によって成長を遂げていた。国内市場ではコンパクトな四小龍の企業群は国内需要よりも外需をとらえなければ、成長の展望が見えなかったからである。このことは特に韓国、台湾の製造企業で顕著であった。

このためこうしたアジア諸国の企業は欧州の小国のケースに似て、多国籍化・グローバル化への速度が速くなる傾向がある。外需の獲得は本国からの輸出によって当初は行われる。この段階では本国の安価な労働コストによって輸出が増えていくが、やがて労働コストも上昇し、製造製品も高付加価値化が進み、国内外の同業種企業との競争も激しくなっていく。この段階に至ると関税障壁や国際物流コストを避け、現地生産と現地販売ネットワークを構築し、現地市場の情報を収集分析し現地適応型の製品供給やマーケティングが必要となってくる。

この段階に至ると製造業の場合、上述の理由から先進諸国だけでなく、労働コストの低い新興国、途上国への進出が増加し国内企業が多国籍化の道を歩むことになる。この段階がさらに進めば、貿易収支、経常収支が減り、代わって本国への配当収入が増えることになる。日本はすでにこの段階に入っており、輸出志向型発展で知られる台湾でも同じ傾向が見られつつある。韓国の場合は加工貿易を行うことで、資本財・中間財の輸入が日本から増える構造から脱却できなかったため、必ずしも貿易黒字は定着しなかったが、多国籍企業の事業展開が活発になることでやはり配当収入が増える段階に入っている。

ＩＭＦ国際マニュアルでは現地企業の株式の10％以上を保有していることが直接投資の統計算出の指標となっており、それ以下は証券投資に区分されている。現在の直接投資は、一から現地で会社や工場を立ち上げるグリーンフィールド型投資よりもＭ＆Ａが主流となっており、現地販売網や人材、製造施設などの経営資産を獲得することで時間ロスをなくすようにしている。このため大型のＭ＆Ａ成立如何で年度ごとの直接投資額が統計上大きく変化することもある。

直接投資自体は一国という視点から見た場合、本国から投資する対外直接投資（Foreign Direct Investment）、本国に入ってくる対内直接投資（Inward Direct Investment）の２つに分けられる。アジア新興諸国の事例では外資に市場を開放し対内直接投資が増えることでＧＤＰ成長率が高まり、やがて地場企業が成長発展し多国籍化することで対外直接投資が増えるというパターンを想起しやすい。ただし対内直接投資から対外投資へのシフトは、国ごとに外資に対する政策や市場規模などが異なるために必ずしも一様ではない。先進国を例にとれば米国は対内対外投資共に大きく、日本は対内投資が対外投資に比較して非常に低くなっている。

UNCTAD［2019］World Investment Reportから2018年の対内投資と対外投資のフローを比較すれば、台湾は対外投資の方が大きく、韓国も対外投資が対内投資を上回っている。とりわけ韓国は約500億ドルと対内投資の約2倍に達している（台湾は認可ベース、韓国は対内が申告ベース、対外が実行ベース）。また台湾の対外投資の約3・5倍に達している。投資ストックにおいても韓国の対外直接投資の規模の大きさを確認することができ、韓国の多国籍企業・財閥の投資規模の大きさをうかがうことができる。

台湾には大規模な多国籍企業も多いが、中小企業も多く、このため1件当たりのクロスボーダーM&Aの規模は小さくなると思われる。またインドのようにクロスボーダーM&Aが中規模な取引に集中しているため、全体の投資額がそれほど大きくならない場合もある。

かつての対外直接投資は米国から欧州、そして先進国から新興国、途上国へというルートから、現在では新興国から新興国・途上国への投資というのも大きなルートの一つとなっている。韓国企業の海外進出とこれに伴う直接投資はその代表的なものである。中国の場合は1970年代末の改革開放以降、直接投資の受け入れ、すなわち対内直接投資増を通じて

GDPの増大を達成し、先進国の多国籍企業による投資と生産拠点化、輸出というように、いわゆる「世界の工場」となることで経済大国への道を歩んできた。

中国は典型的な外資導入型発展でもあったが、経済大国化とともに対外投資も増加しており、2018年までの5年間では対内直接投資フローと対外投資フローはほぼ拮抗しており、そのうち3年間は対外が対内投資を上回っている。国有企業や民営企業によるグローバル投資によるもので、第1章のグローバル500で見たように、規模的には国有企業のプレゼンスが突出している。

ここで注意しておかなければならない点は、外資導入による対内投資増から経済成長と発展によって対外直接投資増へシフトするものではなく、また対内投資に比較して対外投資がその後一方的に伸びていくわけではなく、対内と対外投資の関係はその国の経済構造に左右されるということである。先進諸国では米国自体、対内も対外投資ももともと大きく、それは国内市場が大きく、同時に多くの多国籍企業が存在していることを示している。ノルウェーやスイスなど国内市場の小さい欧州の国では対外投資が多くなり、日本のように対内投資に比べて対外投資が突出している国もある。

アジア新興国側に目を向ければ、韓国も対内投資よりもはるかに対外投資が突出している。その意味では欧州の小国型に近い。シンガポールは対外直接投資について積極的なスタンスで有名だが、多国籍企業が東南アジアの統括会社をシンガポールに置くことを優遇していることと金融センターとしての地位が、より多くの対内投資を呼び込み対内投資が突出している。シンガポールの場合、外資導入型発展を今日まで持続させているケースと言えよう。

東南アジアで高成長を達成してきた国々は、基本的には外資導入を契機として成長軌道に乗ったケースが多い。ストックつまり投資残高で見た場合、対内直接投資は先発ASEAN諸国であるタイ、マレーシア、インドネシア、フィリピンにおいてなお重要であることに変わりはない。またベトナム、さらにカンボジア、ミャンマー、ラオスなど後発ASEAN諸国においても対内直接投資が経済成長の鍵になっている。

ただ直近のフローでの対内と対外投資について規模を含めて比較すれば、それぞれの国における多国籍企業の発展度を推し量ることは可能である。表2－1と2－2はタイとインドネシアの事例である。両国は自動車の生産拠点ということで共通しており、タイはASEAN経済のけん引役であり、インドネシアは2億5千万人以上の市場規模を持ち、製造業以外にも金融など多くの外資を惹きつけてきた。それでも両国には特徴的な違いがあることがわかる。

先行して経済成長を遂げたタイの場合、CPグループなどの財閥系企業がASEAN内、中国、世界へと投資を拡大してきたために、対外投資が対内投資を上回ることが多くなってきた。いわゆる現在の「中国型」に近づいている。他方でインドネシアはまだ投資の受け入れ段階にあるものの、対外投資額の水準は決して低くない。インドネシアで1、2を争う財閥サリムグループは香港の持ち株会社ファーストパシフィック社を起点にして、フィリピンの通信会社やインフラ投資をはじめとした対外投資を行ってきた。またインドネシアの財閥の中にはグループ企業がシンガポール証券取引所に上場しているケースも見受けられる。

このように先発ASEAN諸国では対外投資が対内投資を上回るか、拮抗するほどではなくても財閥を中心とした民間企業セクターがASEAN内や中国、オセアニア、世界に向けて対外投資を行ってきたため、すでに一定の投資水準に達しているのである。これら諸国と比べASEAN内でも高い経済成長を示しているベトナムの場合だと、対外投資と対内投資の開きが著しいことがわかる。繊維・アパレルに主導された対内投資ブームに加えて、2018年以降は米中貿易摩擦の影響を受けて、中国からベトナムへ中国企業も含む外資の生産拠点シフトが鮮明になっているためである。

こうした要因以外にベトナムの場合、通信のベトテルのようにアフリカ諸国など途上国に進出している例も見られるものの、社会主義体制下で国営企業が中心で、民間企業セクターが対外投資を行うほど十分な規模と発展段階に達していないことも対外投資水準が低い一因となっている。いずれにしてもかつてタイがそうであったように、対内投資水準の高さはそ

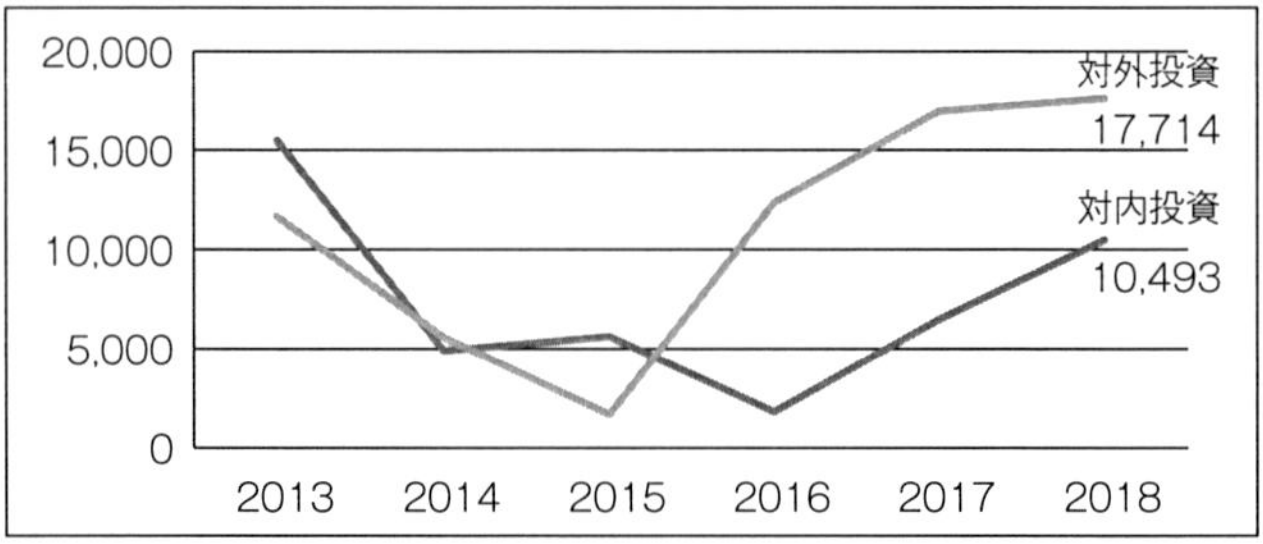

図 2－1　タイの対内直接投資と対外直接投資（フロー，100 万ドル）

出所：UNCTAD, World Investment Report 2019 より作成.

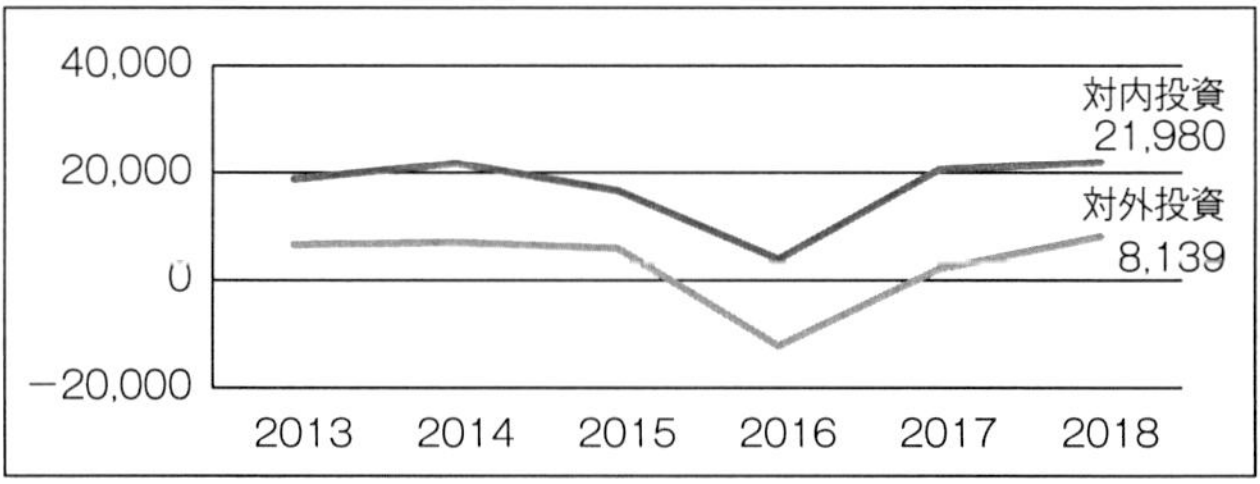

図 2－2　インドネシアの対内直接投資と対外直接投資（フロー，100 万ドル）

出所：図 2－1 に同じ.

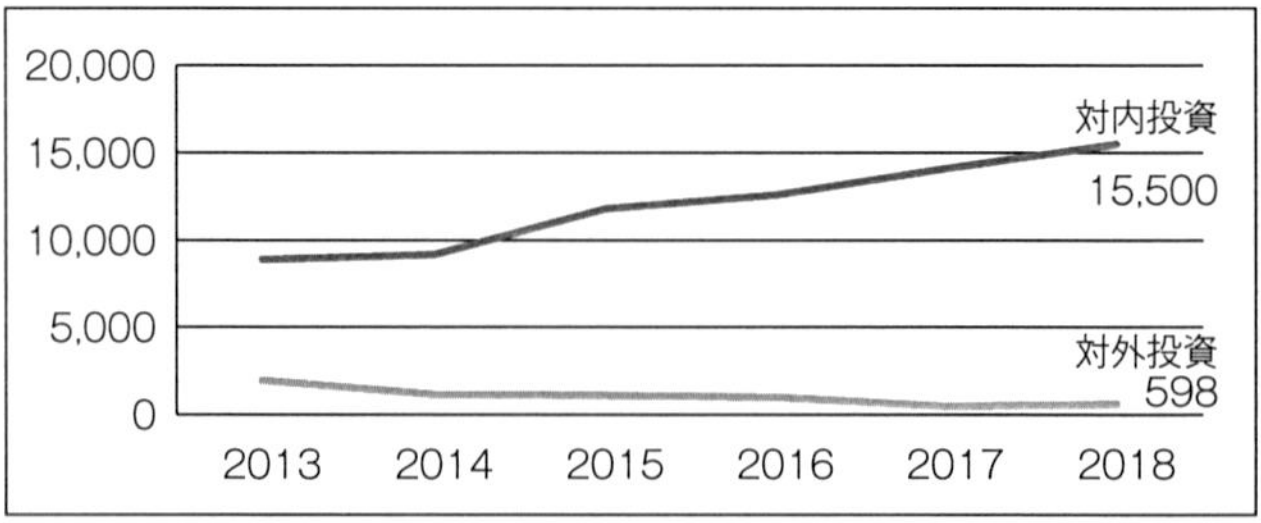

図 2－3　ベトナムの対内直接投資と対外直接投資（フロー，100 万ドル）

出所：図 2－1 に同じ.

の国の経済成長に反映されており、直近5年間でGDP成長率5%〜6%以上をベトナムやフィリピンは記録してきたのである。

2. 多国籍企業とは

一昔前までは多国籍企業（multinational enterprise）と言えば、先進国に拠点を置いた大企業のことを指していた。つまり欧米企業と同義でここにいくつかの日本企業が加わるという姿がイメージされてきた。そこではもっぱら本国以外の市場へ進出する多国籍企業の動機・理由に焦点が当てられてきた。その理由の最たるものは技術面・経営面での圧倒的な優位性であった。これら多国籍企業が確立した技術、製品などの優位性に海外の企業は太刀打ちできなかったのである。

例えば戦前の日本市場において、トヨタが自動車生産へのヨチヨチ歩きを始めた1930年代にフォードとGMはすでに日本に進出していた。量産型の乗用車生産において彼らに敵は存在しなかったのである。実際に多国籍企業の活動が活発になるのは第二次大戦後の米国のビッグビジネスの欧州進出、その後の途上国への進出によって、多国籍企業に対する経済や経営領域の研究者たちの関心を惹きつけていくことになった。

そもそもなぜ企業の多国籍化が起こるのか、という疑問については先駆的な研究として、

Coase［1937］による「企業の本質」という極めて短い論文を発端として、1970年代以降、取引コストという概念から企業が不確実な外部市場と取引をするよりも企業内部で取引を行った方が取引コスト削減につながり、この「内部化」を通じて多国籍化が進展するとされた。世界的に企業内取引が活発になっていくことで、その後多くの経済学者たちによって「内部化」理論は支持されてきた。

「内部化」理論以外の動機としては、先進国企業による投資先の経営支配にあることがHymer［1960］によって説明されてきた。多国籍化しようとする企業は先進的技術、規模、製品差別化能力、資金調達力などの国際的な優位性を備えているため、幼弱な投資先企業に対して、現地での競争の排除と優位性を確保することができるからである。

Dunning［1979］は、より多国籍化する動機と目的をOLI理論として発表しており、多国籍企業の優位を所有特殊優位（Ownership specific advantage）、立地特殊優位（Location specific advantage）、内部化優位（Internalization advantage）の3つから説明している。Oは企業内部の技術、知識、能力がもたらす競争優位、Lは進出する国の生産と消費の相対的な優位、Iは海外の生産、販売物流網を外部から企業内部に取り込むことで生じる優位である。

それでは先進国ではなく、新興国発の多国籍企業の場合は、どのような動機・目的を挙げることができるのだろうか。Makino, Lau, & Yeh［2002］は、台湾の事例から市場の獲得、労働力を含む資源獲得、戦略的な資産獲得の3つを挙げている。ただこれらの動機も先進国の多国籍企業と重なっており、強いて挙げれば先進国側の企業を買収する戦略的な資産獲得が大きな特徴の一つかもしれない。台湾のエレクトロニクスメーカーやサムスン電子やLG電子のような製造業は市場、資源獲得型のように思われるが、戦略的な資産獲得のように技術優位の先進国企業に対して買収を行わないわけではない。むしろ業種によって動機・目的の強弱が反映されると見る方が適切であろう。

Mathews［2002］も新興国発多国籍企業と先進国多国籍企業の進出動機をめぐる違いに注目し、これら新興国発多国籍企業が従来の所有優位や競争優位のような資源ベース面での強みを前提として外国市場に進出しているわけではないとしている。パートナーとの連携などを通じて、むしろ資源・資産を獲得していく戦略的提携やM＆Aを通じて所有優位を獲得するようになっているとして、こうした多国籍企業を「ドラゴン・マルチナショナルズ」と呼んでいる。

以上の企業の多国籍化に関する説明や理論は、1990年代以降進展してきた企業によるアウトソーシングを伴うこれまで以上のグローバル化の進展によって、次第に修正を迫られようとしている。世界的な情報技術と国内外の外部企業の成長によって、市場の不確実性が減少し、むしろ「内部化」や垂直統合がコスト負担を高め効率性を阻害するという状況が生まれたからである。

アジア新興国を中心にさまざまな相手先ブランドの製造を請け負うＯＥＭ（original equipment manufacturer）企業やエレクトロニクス製品製造を請け負うＥＭＳ（electronics manufacturing service）企業が、先進国企業側の需要に対応し、前者では、例えばアパレルの製造小売りに対応する中国、ベトナム、バングラデシュなどのＯＥＭ企業が、後者においては台湾のエイサー、鴻海精密工業などが台頭し、インドからはＩＴ系や特許切れのコピー薬（ジェネリック薬品）などのメーカーが急成長を遂げていった。

ＡＳＥＡＮのような経済統合の強化も、メンバー国の企業に近隣国への進出を促す要因となった。１９９０年代以降のグローバル化と中国の製造拠点化と市場の拡大は、東・東南アジア圏、インドの企業を多国籍化していく大きな要因となった。

多国籍企業を取り扱う研究において、多国籍企業自体の定義に触れておく必要があることは言うまでもないが、実際には明確な定義がなされておらず、研究ごとに定義が設定されてきたのが現状である。グローバル５００のように多国籍企業という表現を使わないが、リスト入りしている企業の大半は多国籍企業とみなしてよかろう。またグローバル企業という表現も多く使用されるようになっている。

共通していることは複数国に現地法人を有していること、多国籍展開するに足りるほどの規模の大きさ（上場企業相当）ということである。

つまり従来の共通定義の下では中小企業は多国籍企業とみなされず、本国を拠点として事業活動を行う場合でも、順次、海外市場へ事業展開していくイメージが想定されてきた。しかし、1990年代以降のグローバリゼーションの下では創業と同時、もしくはごく短期間の間に海外事業を開始するベンチャーや中小企業、いわゆる生まれながらの多国籍企業である「ボーングローバル企業」が次々と出現しており、規模そのものも多国籍企業としての定義として成立しにくくなっている。(1)

「ボーングローバル企業」はもともとフィンランドのような内需の小さな北欧企業などに多く存在するが、欧州のような地続きの国境線で成立している地域では多国籍企業が形成されやすい素地があった。同じく一定の市場規模を持つASEANのような経済圏でも事情は同じである。ブロイラー生産で知られるタイのコングロマリットCPグループはASEAN圏への進出に加えて、早い段階で中国・世界市場へ進出しており、タイ初の多国籍企業としてその存在は内外において大きなものとなっている。

欧州企業同様、そもそも内需の規模に制約のある東アジアの四小龍（韓国、台湾、香港、シンガポール）は、輸出だけでなく関税障壁を乗り越えるための対外直接投資が不可欠の戦略であって、このためサムスンやLG、鴻海やエイサーなど多くの企業が早い段階で多国籍化していった。とりわけ製造業の輸出依存度の高かった韓国、台湾においてこのことは顕著だった。こうした国々では中小企業が本国市場でなく、最初から海外に本社と製造拠点を設けるケースも見られる。

グローバル500に名を連ねるアジア企業の多くは多国籍企業と言えるわけだが、これはあくまでも規模の観点からである。ICTの発達に伴ってボーングローバル的な企業はアジアでも形成されやすくなっている。こうした中小企業、もしくはスタートアップ企業も含めればアジアや新興諸国における多国籍企業のすそ野はかなり幅広いものとなろう。

すでに第1章で見たように、グローバル500に名を連ねる日本を除いたアジア系民間企業の多くは財閥であり、ファミリービジネス、大規模、多角化の3つのサークルに多国籍化というもう一つのサークルが重なってくる。創業者一族が他企業に株式を売却しない限り、ウォルマートやフォード、フォルクスワーゲンなどのように、国際的な人材登用が増えて経営トップは専門経営者で、創業者一族は所有権を維持するという形態にアジア系企業はまだ移行していない。

この形態は「所有と経営の分離」に向かう一つの段階には違いないが、欧米では同族経営の主流形態となりつつある。多国籍化したアジア系企業が現地法人社長に外国人を任命することはむしろ普通であろう。しかしながら本国本社のトップ経営者については、現在のトップがすべての人材に門戸を開いていると宣言したとしても、一族以外からの選抜は考え難いというのが現状である。生え抜きの専門経営者がトップに就くこともあるが、それはあくまでも一族後継者につなげる暫定措置にすぎない。

韓国の財閥をはじめ、タタグループやクオックグループ（マレーシア）、ＣＰグループなどの代表的な財閥の後継動向は、基本的には血統を重んじた世襲制であることに変わりはなく、経営権そのものが所有と結びついた形が主流である。米国の同族企業のように創業者が投資家に転じ、一定程度所有と経営の分離が進むという形態には至っていない。

アジアの財閥系企業が多国籍化していった場合、本社のトップマネジメントは別にして、すでに述べたように人材そのものも多国籍化していくことになる。当然のごとく現地法人では人材の現地化、さらに経営のダイバーシティ（多様化）が進むことになる。そして公開企業においては外国人株主の比率が増えるため、「物言う株主」圧力を通じて企業の価値評価がより欧米企業標準に近づくことになる。

同族・オーナー経営のメリットとしてしばしば挙げられるのは長期的な実物投資である。長期的な設備投資はすぐには収益を生み出さないし、新しい事業領域は赤字が続くことが普通であるため、一株当たりの株価収益率など短期的な収益指標を重んじる投資家たちにはそうした経営戦略は評価されにくい。

多国籍化の進展によって変化や進化を迫られているのは組織であろう。Bartlett and Ghoshal［1989］が提示したように、１９９０年代以降、多国籍企業の本社と現地子会社との関係は、単なる中央集権型や一定の裁量権や権限を子会社に付与した組織から、より分権化が進んだ有機的な組織へと進化していくとした。(2) 最終的に本社・子会社間・子会社間同士の知識共有型の柔軟な組織の形成も予想されるほど、多国籍企業は進化しつつある。ネスレのような現地適応型の子会社から現地に適応した商品を供給してきたように、かつて日本の家電メーカーに遅れをとっていたサムスン電子が、現地駐在員を長期派遣して新興国・途上国市場に対応した電化製品を市場に投入し、価格優位と現地適応型製品で市場シェアを獲得してきた事例は有名である。

多国籍企業はクロスボーダーM&Aによって組織全体とネットワークをますます拡大していくだろうが、他方でこうした多国籍企業の進化研究が見逃している点もある。それは同時に現地子会社に対するコントロールやガバナンスがますます難しくなるということである。買収によって獲得された子会社はそもそも親会社と異なる企業だからである。

東芝がウェスチングハウスを買収して、２０１７年に把握していなかった原発建設の遅れによる子会社の巨額の損失発生と破たんが親会社の東芝に跳ね返ってきたように、グローバル化の進展で子会社そのものが異質化しネットワークから孤立する傾向は避けられないものとなっている。こうした例は数多く、異業種であっても関連業種であっても、M&A後の子会社に対する経営関与・ガバナンスの程度や情報共有面で、本社・海外子会社間の関係は新たなリスクに直面していると言っても過言ではない。アジア新興国の多国籍企業もこうしたリスクから自由ではないのである。

3．多国籍企業の事例　東南アジアの場合

規模の小さな企業でも多国籍化する可能性はあるが、大企業の方が内外におけるGDP形成を通じてよりインパクトが大きいことは言うまでもない。先進国、新興国の企業を問わず、「大企業」「多国籍企業」はしばしば環境破壊や労働面などで社会的批判を受けることが多いが、これも事業行動そのものの大きさに起因している。

マッキンゼーグローバルインスティトゥート（MGI［2018］）の試算によれば、中国、インド、マレーシア、ベトナムなど高いGDP成長率を長期間達成してきた国々（18カ国）では、1995－2016年の期間にGDPの増加貢献に5億ドル以上の売上規模の企業が重要な役割を果たしたとしている。大企業は投資、人材育成などを通じて中小企業に生産性向上をもたらし、中小企業はサプライチェーンを通じて中間財などを大企業に供給することで経済規模が拡大していくからである。そして大企業が多国籍化すれば、国内のこうしたGDP効

果が進出先にももたらされることが期待されることになる。

ＵＮＣＴＡＤは毎年、海外資産額ベースで新興国・途上国のトップ企業１００を発表している。これに基づけば、どうしても石油・資源系企業、通信系企業が上位に連なることになる。２０１８年トップ10の６社を中国本土の国有企業が占め、１位ＣＫハチソン（香港、貿易）、２位鴻海、４位サムスン電子、10位にインドのタタモーターズが入っている。２０１９年以前から東南アジアから15社前後がランクインしており、シンガポール、マレーシアの企業が多い(3)。海外資産をベースにした場合、ランク外で多くのアジア新興国企業が存在している。また製造業以外にも第５章、第６章で紹介するように、ホテルや病院、外食などのサービス分野も少なくない。

ここでは東南アジア４社の概要と多国籍化のプロセスなどを簡単に紹介しておこう。

オーラム・インターナショナル（シンガポール）

１９８９年に設立された農産品を取り扱う会社で、政府系ファンドのテマセックの傘下にある。したがって財閥・同族企業ではない。シンガポールではテマセック傘下の有名企業は多く、通信のシングテルやシンガポール航空が代表的であろう。こうした傘下企業は専門経営者がトップに立っているものの、資本そのものは政府系ファンドによる出資のため、国有・国営企業の一種と捉えることもできる。

事業会社のタイプとしては世界的な穀物商社カーギル（米国）と似ている。ただし、カーギルは同族企業である。売上規模は２０１８年時点において約２・４兆円で日本の総合商社と比較すると双日を少し上回る程度である。コーヒー豆やカカオなどの飲料原料では世界トップクラスの取扱高を誇り、ナッツ、豆類、スパイス、穀物、綿花、羊毛など幅広く商品を取り扱っている。世界50カ国に進出し、２０１１年に進出した日本法人は主にコーヒー豆を取り扱っている。

クオックグループ（マレーシア）

クオックグループは、アジアのシュガーキングと呼ばれたマレーシアのロバート・クオックを創業者として第二次大戦後、製糖業をベースにして成長を遂げた財閥・コングロマリットである。製糖業から撤退（売却）した後、現在では製粉、食品加工、ホテル、不動産、物流と幅広い事業展開を行っている。現在は2世代目の経営者たちの下で、クオック・ブラザーズ（マレーシア）、クオック・シンガポール、そしてケリー・ホールディングス（香港）と3カ国に本社クラスが拠点を置いている。

本家に相当するクオック・ブラザーズ（マレーシア）の傘下には、食用オイル製造のウィルマーインターナショナル（シンガポール、ＵＮＣＴＡＤトップ１００）やケリー・ホールディングス傘下のシャングリラホテルがある。本社相当の拠点を複数持っていることでは、サリムグループやロッテに似ていると言えよう。

ＣＰグループ（タイ）

ＣＰグループは１９２０年創業の、タイ国内でも王族創業のサイアムセメントグループと並ぶ老舗企業グループ・コングロマリットである。またチエンワノン家を創業者ファミリーとする財閥である。家畜飼料の販売からスタートし、創業家出身のタニン会長の代から今日に至るまで複数の事業で海外進出を展開してきた。１９７０年代以降ブロイラー生産において国内だけでなく海外での事業展開を本格化させ、特に中国の改革開放以後、農家と契約し飼料を販売しブロイラーを買い取るという先駆的なビジネスを展開し中国事業で揺るぎない地位を築いた。

中国への先行的な投資を行ったＣＰグループへの中国政府の信頼は厚く、中国では正大集団として広く知られている。東南アジアにおいても農家が多いことから、ブロイラービジネスはＣＰグループの中核事業となった。その後、他社によるブロイラービジネスへの参入が相次ぐと、商社やアグリビジネスなどの事業分野で新興国・途上国だけでなく、欧米各国での事業も加速化させ今日に至っている。

サリムグループ（インドネシア）

インドネシアを代表する財閥である。創業者は福建省出身のスドノ・サリムで、1960年代後半以降、スハルト政権の下で銀行、セメント、食品などの事業を拡大したが、1997年のアジア通貨危機において、同国最大手行BCA（バンク・セントラル・アジア）などの事業を売却しリストラを経た後、創業者の三男アンソニー・サリムが食品事業インドフードを中心に再び代表的な財閥として復活を遂げている。

香港の持ち株会社ファーストパシフィックが海外事業を統括しており、インフラ、金融、不動産などの事業分野を中心にフィリピン、シンガポール、中国などに進出している[4]。

以上紹介した東南アジアの多国籍企業は、数あるアジア・東南アジアの多国籍企業のごく一部に過ぎない。本書で登場する企業の多くが多国籍化しており、これらの企業、グループはその中でも老舗企業に属している。韓国、台湾のように国の代表的な輸出産業（例えばエレクトロニクス）の担い手として多国籍企業が形成されたように、東南アジアではアグリビジネスが一つの代表的な産業として形成されてきた。

実際には老舗ビジネスグループ・財閥は中核ビジネスを複数持ち多角化しており、業種を問わず、スタートアップ企業もＡＳＥＡＮという立地を生かして隣国へ事業展開して早期に多国籍化していることは言うまでもなかろう。

【注】

（１）「ボーングローバル企業」についてはCavusgil and Knight［2009］邦訳版参照。
（２）組織の型について彼らの用語に従えば、「マルチナショナル」は分散型、「インターナショナル」は調整型、「グローバル」は中央集権型、「トランスナショナル」はネットワーク型になる。最も進化した組織が「トランスナショナル」である。
（３）UNCTAD［2019］World Investment Report, Annex Report および各年より。
（４）以上各グループのウェブサイト、澤田［２０１１］［２０１７］より。

参考文献

平賀 富市［２０１７］「アセアンにおける華人・華人企業経営②―アセアンにおける華人企業グループの形成・発展」ニッセイ基礎研究所『基礎研レポート』２０１７-10-31。
柳田 志学［２０１１］「発展途上国の多国籍企業に関する一考察―タイＣＰグループの事例に基づいて―」早稲田大学大学院社会科学研究科『社学研論集』Vol.17。
Bartlett, Christopher A. and Sumantra Ghoshal［1989］*Managing Across Borders: The Transnational Solution*, Harbard Business School Press.（Ｃ・Ａ・バートレット／Ｓ・ゴシャール著、吉原 英樹監訳『地球市場時代の企業戦略―トランスナショナル・マネージメントの構築―』、日本経済新聞社、１９９０年）
Dunning, J. H.［1979］"Explaining Changing Patterns of International Production", *Oxford Bulletin of*

Economics and Statistics, 41.

Cavusgil S. Tamer, Gary A. Knight [2009] *Born Global Firms: A New International Enterprise*, Business Expert Press（中村 久人他訳『ボーングローバル企業論―新タイプの国際中小・ベンチャー企業の出現』八千代出版、２０１３年）.

Makino Shige, Chung-Ming Lau, & Rhy-Song Yeh「2002」"Asset-exploitation versus asset-seeking Implications for location choice of foreign direct investment from newly industrialized economies', *Journal of International Business Studies*, 33, 3.

Mathews, J.A. [2002] *Dragon Multinationals: A New Model for Global Growth*, Oxford University Press.

MGI [2018] Outperformers: High-growth Emerging Economies and the Companies that Propel Them.

第3章

アジアのユニコーン

1. ユニコーンとは？　ユニコーンはなぜ増え続けたのか？

スタートアップと呼ばれる未公開の新興企業が成長し、時価評価額が10億ドルを超えるようになるとユニコーンと呼ばれるようになる。こうした企業は晴れて上場を果たすとユニコーンと呼ばれなくなる。また既存の法人企業によって買収された場合も、ユニコーンのゴール、いわゆるイグジット（出口）とされている。言い換えればスタートアップ企業の卒業のようなものである。

スタートアップ企業の定義もさまざまで、設立から5年以内とされる場合も多いが、実際は曖昧である。ユニコーンの場合も２０００年代前半期に設立されて２０１０年代後半に上場したケースが多い。現在（２０１９年末）時価総額で世界のトップに君臨するのはアリババ・グループである。ジャック・マー率いるアリババが設立されたのが１９９９年で、NY証券取引所に上場したのが２０１４年だったので、上場までに約15年を費やしている。他方、モバイルゲームで世界のトップクラスに位置している中国のネットイースは、１９９７年設立で２０００年には早くもナスダック上場を果たして世界を驚かせた。

上述の例は、まだユニコーンという概念が形成されていなかった時期の事例である。アリババのケースは、未公開段階において、当時のソフトバンクなどの出資がけん引役となって資金調達や投資という側面で成長そのものを急ぐ必要がなかったのである。この成長期間に電子商取引サイト淘宝網（Taobao.com）、検索サイトYahoo中国雅虎、電子マネーサービス支付宝（アリペイ）などの基軸となる事業を軌道に乗せている。

ユニコーンとは神話に登場する幻の一角獣のことで、その姿は幻のごとく滅多に見ることができないものだった。実際、リーマンショック後の時期にユニコーンの数は限られており、今日のような増殖を遂げてはいなかった。ユニコーンの増加には、それらを投資対象とする投資家の存在がある。投資家とは主に未公開企業を投資対象とするエクイティファンドであるベンチャーキャピタル（VC）、既存の事業法人、そして既存の事業法人が出資するコーポレートベンチャーキャピタル（CVC）などから成り立っている。これら投資家の投資額が増大することによって、今やユニコーンは幻ではなくなってしまった。

ユニコーンやVCなどの統計と情報を提供する米国の民間機関CB Insightsによれば、2019年11月末でユニコーンの総数は世界で400社を超えるまでになっている。米国のユニコーンは200社を超え、中国のユニコーンも100社を超えている。米中だけでユニコーン全体の約四分の三を占めていることになる。10年前には滅多に見ることのできない幻の一角獣は、幻や伝説にふさわしく米国ではわずか9社にすぎなかった。ところが現在では米国と中国を筆頭に欧州、イスラエルそしてインド、韓国、東南アジア、南米諸国などの新興諸国にも広く見られるようになっている。

こうした世界的なユニコーンの急増は、同時にそれらの予備軍であるスタートアップ企業の増加と、ユニコーン、スタートアップにとって資金調達が容易になっていることも意味している。世界のＶＣ投資は、ここ10数年の間に飛躍的に増加してきた。特にリーマンショック以後の新興の未公開企業、いわゆるスタートアップ企業への投資の伸びには著しいものがある。ベンチャーキャピタルの最大投資国、米国では２０１８年の投資総額は１、０００億ドル超（約11兆円）にも上っている。ＶＣとスタートアップにおいては不毛とも言われ続けた日本でも、投資額や件数においては同じく増加傾向が続いている。

ユニコーン側の実例から、ここでよく知られている配車サービス・アプリのウーバーのケースとアジアの同業他社の形成プロセスを見ておこう。ウーバーは２０１９年の春には待望のＮＹ証券取引所に新規上場を果たし、ユニコーンを卒業している。ウーバーはユニコーンとして先駆的であると同時に、ユニコーンそのものの共通性も示してきた。一つにはＩＰＯ（株式の新規公開）を果たすまでに比較的長い期間を要していることで、設立から約10年かかっていることである。「長すぎた春」を通じて投資家の期待がしぼみ、公開時に公募価格を下回ってしまった。これは決して意外なことではなく、他のユニコーンにおいても生じていたことで、公開市場で投資家たちが新規銘柄として飽きてしまったこと、裏を返せば「長すぎた春」の間に、赤字が継続しているにもかかわらず、過剰に企業評価価値が膨らんでしまったことにある。

ウーバーは2009年、サンフランシスコでトラビス・カラニックとギャレット・キャンプによって創設された。そのビジネスモデルについてはここで改めて説明するまでもなかろう。そのビジネスモデルはまたたくまに世界各国に広がり、2016年に中国事業を滴滴出行（ディディ）へ、2018年には東南アジア事業をグラブに売却している。この2社はアジアのユニコーンとしてその成長モメンタムを引き継いでいる。また同業他社の大手としてインドネシアではゴジェックがこの分野に参入を遂げている。

2017年末までにウーバーに出資していたVCは、ソフトバンクグループ（SBG）、ドラゴニア・インベストメント（米）、TPGキャピタル（米）、セコイア・キャピタル（米）、テンセントなどで17・5％の株式保有比率に達していた。2019年上半期現在までにSBGの保有比率は15％を超え、新興の独立系VCベンチマーク（1995年設立）も10％以上保有しており、創業者、アルファベット（グーグルの親会社）などが主要株主となっている。ファンドによって方針が異なるが、有力出資者のファンドが取締役を送り込み、経営に積極的に関与する「ハンド・オン」型投資（逆は「ハンド・オフ」型）も広く見られるのが、ユニコーンへの投資の特徴と言ってよい。

上場時にはＶＣや一部株主についてはは制限条項がついており、ＩＰＯ後、半年経過しないと株式の売却はできない。これは上場後もＶＣは投資対象企業の経営オペレーションにしばらく関与せざるをえないことを意味している。経営権においては、投資家たちが創業者のそれを上回ることは珍しいことではない。このことはウーバーのケースが端的に物語っている。２０１７年、経営陣をめぐって不祥事が相次いだため、投資家連合が創業者のトラビスのＣＥＯ解任を行っている。その後トラビスは取締役会には残ったが、後任のＣＥＯにはダラ・コスシャヒ（元大手旅行サイト、エクスペディアのＣＥＯ）が投資家連合に指名されている。

ウーバー自体は単に配車サービス・アプリという技術革新とその先駆者に止まるものではない。例えばシェアエコノミーの進展とＥＶの技術進歩によって、多くのＩＴ系企業が自動走行技術の開発を進めてきた。一つのユニコーンからさらに関連技術を通じて、（ユニコーンの）系列企業やジョイントベンチャーなども形成されてきた。とりわけアジアでは先に述べたように、ウーバーの拡大発展において複数の同業他社を生み出す影響力を示してきた。

いわばユニコーンがユニコーンを生む、もしくは新興の巨大企業グループがユニコーンや有力スタートアップを設立するという事態も起きている。先行したユニコーンが出資者として他国のユニコーン形成に影響を与えるようになった事例として、ウーバーを震源とする配送アプリのアジアへの波及はその典型的な例で、バングラデシュ初の二輪配車大手タパオはインドネシアの配車大手ゴジェックやシンガポールのVCなどから出資を受け事業を拡大してきた(1)。同国の首都ダッカではすでに複数の配車アプリサービスのスタートアップが競争を展開している。

配車サービス同様、EC市場の拡大と購買が増え続ける新興国市場では、物流網の整備は不可欠である。こうした配送を担う物流版ウーバーとして、共に2013年に創業した香港のゴーゴーバンとララムーブは、中国だけでなく東南アジアにも進出している。ゴーゴーバンはアリババグループの傘下企業が出資し、ララムーブはシャオミ創業者、雷軍氏の投資ファンドなどが出資している(2)。

重量のある荷物や個数の多い荷物は二輪配送では対応できない。このため四輪のバンやトラックのドライバーを手配できる物流会社への需要は大きく、潜在的な成長と同時に競争も厳しくなると思われる。ウーバーで問題となったドライバーの地位は独立事業者、パートナーとみなされるために、事故などの際の問題発生や責任の所在などは未確定のままという問題も残されている。Rosenblat［2018］が、その著書『ウーバーランド』で革新的なビジネスが内包する負の側面を描いて警鐘を鳴らしたように。

2．中国とインドのユニコーン

中国とインドは共に新興大国であるとともに、計26億人以上の市場規模を持つ超巨大市場でもある。中国はユニコーンやそれに相当する新興企業を2000年以降、数多く生み出してきた。

米国に次いでユニコーンが多い中国は、2019年末の時点で、時価評価額では1位が750億ドル、動画アプリ、ティックトックを運営するバイトダンスで、2位が560億ドルで配車サービスの滴滴出行である。シンガポールのグラブを除けば、10位までの7社はウィワークやエアビーアンドビー、スペースXなど米国企業で占められている。投資家については中国のユニコーンということで、中国最大のインターネットメディア企業新浪微博(sina weibo)が出資しているが、セコイア・キャピタルやSBGも有力出資者となっている。

2位の滴滴出行の場合では、タイガー・グローバルマネージメント、SBGなど有力出資者は日米のVCのみである。このように投資側は中国のユニコーンの場合でも、米国を中心としたVC、CVCが多勢を占めており、米国発ユニコーンの数の多さは、イノベーションを生み出す活力や起業家精神といった要因だけでなく、同時に投資サイドにおける米国のVC、CVCの圧倒的な優位性にも起因している。

むろん2位の中国においても同様のことがあてはまる。米国VCの優位性は揺るがないものの、アリババグループやテンセント、バイドゥなどの企業による投資は米国VC同様に、世界に広がっており、東南アジアやインドなどの新興国市場でのプレゼンスも高い。一時期、中国のユニコーン増加ペースは米国以上であったが、米国同様、時価の過大評価、赤字の継続と負債増などでユニコーンバブルが懸念されてきたこともあって、増加ペースは2019年には急速に落ちている。

例えば、同年における米国のウィワークの経営不振とSBGへの経営権移譲による巨額の損失が明るみに出たことで、投資家側の慎重姿勢を一段と強める契機にもなっている。中国においてもバイトダンスや滴滴出行などのように米国、グローバル市場への進出が進展していないことで、ユニコーンと未公開市場における限界も明らかになりつつある。

先進諸国と同様に中国、インドにおいても、EC、アプリ関連、物流・配送、AIやフィンテックなどの新技術需要に対応したユニコーンや有力スタートアップの数が多いことは言うまでもない。中国の場合、アリババや既存の大企業グループ傘下としてスタートするケースが少なくない。例えば、オンライン決済シェア1位のアントフィナンシャルは、2014年に創業しているが、実際は創業以前の2000年代半ばからアリババ社内のベンチャー事業として運営されてきた。天猫などのECにおいてトップシェアにあるだけでなく、早い段階からオンライン決済も自社サイトの購買に連動させていたのである。

個人間の金融仲介業として、オンラインで貸し借りをマッチングさせる陸金所（Lufax）も実は中国最大手の保険会社である中国平安保険の子会社である。金融において最もリスクとなるのは借り手の信用問題であるが、この場合は平安保険の信用情報が運営のベースになっている。むろん国内大手企業グループ発のユニコーンだけでなく、内外のＶＣ、ＣＶＣなど複数から資金調達を行っている本来のユニコーンが多数を占めているのは言うまでもない。

もはや中国でのスマホ決済は日常となったが、それ以上に顔認証システムを用いた決済も急速に普及しつつある。国家や企業による個人情報の管理をめぐる議論があるものの、こうした経済システム全体のスマート化の進展を止めることはできないし、先進国以上のスピードでそうした事象が進んでいることは特に驚くに値しないであろう。２００１年にアリババと同じ杭州で創業した防犯カメラ製造世界一のハイクビジョンも、こうしたテクノロジーを用いる代表的な企業である。

日本では飽和状態になった自販機やコンビニも新たな形態に変化して、浸透しつつある。認証システムとＡＩの進化は無店舗のコンビニ、スマート自販機の普及を促進し、自販機では２０１０年に設立された友宝（Ｕｂｏｘ）が新自販機開発を含む自販機事業でトップに立っている。自販機自体の設置については大きな伸びしろがあるとして、２０１５年にはカーライルグループが出資している。

満幇集団はトラック版ウーバーと呼べるものであり、空きトラックと荷主をオンライン上でマッチングする最大手である。2017年、トラック配車アプリでシェア1位の「貨車幇」を運営する貴陽貨車幇科技と、同2位の「運満満」を運営する江蘇満運軟件科技との合併によって現在の同社が誕生した。複数回の資金調達ラウンドを経て、SBGをはじめキャピタルG（アルファベットのCVC）、国新科創基金が主な出資者となっている。(3)

有力企業やユニコーンのフォロワーも多く、中国市場内では競争の激化とともに、M&Aも生じやすくなっている。状況はインド市場にもあてはまるものであるが、かつて先進国多国籍企業による新興国発の製品やテクノロジーが、先進国側に逆流する現象をGovindarajan and Trimble［2012］は「リバースイノベーション」と名付けた。また先進国で成功した事業を新興国、途上国に移すことを「タイムマシン経営」（孫正義）と呼んでいるが、アジア企業発の逆流現象も起きつつある。スマホの多機能スーパーアプリなどは先進諸国よりも中国、東南アジアの方が先行しているからである。

フィンテックやAIなどと関連した事業分野で起業熱が高いのはインドも同様である。2016年にインド政府が突然500ルピーと1,000ルピーの廃貨を宣言し、新紙幣の交換期間も1回当たりの紙幣交換も制限され、人々は銀行に列をなしATMは一時的にスト

代表的なユニコーン

業種・事業	主な投資家
AI，動画アプリ Tik Tok の運営	セコイア・キャピタル・チャイナ，SIG アジアインベストメント，シナ・ウェイボ，SBG
運送・物流，配車サービス	マトリックスパートナーズ，タイガー・グローバルマネジメント，SBG
モバイル・テレコム，ショートビデオ SNS アプリ	モーニングサイドベンチャーキャピタル（中），セコイアキャピタル，バイドゥ
フィンテック 電子決済大手，モバイル決済プラットフォーム Paytm を運営	インテル・キャピタル（米），サピア・ベンチャーズ（米），アリババグループ（中），SBG，バークシャー・ハザウエイ（米）
EC，マーケットプレイス	ソフトバンクグループ（日），アリババグループ（中），ブラックロック（米）
配車アプリ，IIT 卒業生の Bhavish Aggarwal と Ankit Bhati によって2010年に設立	アクセルパートナーズ（米），SBG，セコイア・キャピタル（米）
ホテル運営	SBG，セコイアキャピタル・インディア，ライライトスピード・インディア・パートナーズ
物流・配車サービス	GGV キャピタル，バーテックス・ベンチャー・ホールディングス，SBG
輸送・配車サービス，サプライチェーン，物流	フォーメーション・グループ（韓国），セコイア・キャピタル・インディア，ウォーバーグ・ピンカス
EC，ダイレクト・トウ・コンシューマ	アリババグループ，SBG，セコイア・キャピタル・インディア
オンライン旅行代理店	グローバルファンダーズ・キャピタル（EU），イースト・ベンチャーズ（シンガポール），エクスペディア，GIC（シンガポール政府投資公社）
プレハブ建設	K2グローバル（UK），500スタートアップス

com/research-unicorn-companies）より筆者作成．2019 年下半期までのデー

表3−1　中国・インド・東南アジアの

会社名	時価評価額 10億ドル	リスト入りした年月日	国
バイトダンス	75	2017.4	中国
滴滴出行（ディディチューシン）	56	2014.12	中国
快手（Kuaishou）	18	2015.1	中国
ワン97コミュニケーションズ（国内マーケットプレイス大手Paytmを運営）	10	2015.5	インド
スナップディール	7	2014.5	インド
オラ・キャブズ (2019年3月時点36.5億ドル)	6.3.	2014.10	インド
オヨ・ルームズ	10	2018.9	インド
グラブ	14.3	2014.12.4	シンガポール
ゴジェック	10	2016.8	インドネシア
トコペディア	7	2018.12	インドネシア
トラベロカ	2	2017.7	インドネシア
レボリューション・プレクラフテッド	1	2017.10	フィリピン

（注）イグジットや増資で短期間に変動する可能性あり．

出所：CB INSIGHTS, The Global Unicorn Club（https://www.cbinsights.
タに基づく．

ップした状態が続いた。目的は現金流通が中心のインドでブラックマネーの横行を止めることにあった。荒療治の紙幣改革はインドの経済と人々の生活に大きな影響を与え、現金決済を商慣習としている衣類産業や零細産業に大きな打撃を与えることになったが、これを契機にインド市場では電子決済事業の成長性に注目が集まることになった。

ＩＴに代表されるように、先端技術志向を持った大手企業からスタートアップまで、そして人的資源も含めて国際的に優位に立つインドでは、オンライン・ＥＣ市場の拡大との結びつきによってスタートアップやユニコーンが形成されてきた。世界のＶＣ、ＣＶＣもインド市場に熱い視線を送ってきたのである。こうした経済成長を背景にした消費の伸びは、今後は長期的には中国以上に期待されていると言っても過言ではない。

インドのｅ-コマース市場は米国や中国と比較しても、その成長ぶりは著しく、ＩＢＥＦ（India Brand Equity Foundation）によれば、２０３４年までにインドのｅ-コマース市場は米国を上回るとされている。成長産業としてのｅ-コマースは２０１７年の３８５億ドルから２０２６年までに２，０００億ドルに達すると見込まれている。インターネット関連の経済規模が２０２０年までに倍増して２，５００億ドルと予測されているように、経済の牽引車がｅ-コマースであることは間違いない。２０２５年までにはオンラインの購買層は２億２，０００万人に達するとされている。(4)

こうした成長予測に対してB2Cを中心とした多数のスタートアップ企業とアントレプレナー（起業家）が誕生し、国外からベンチャーキャピタルをはじめ多くの投資ファンドを引き寄せてきた。代表的なユニコーンとして、マーケットプレイスのスナップディール、配車アプリのオラ・キャブズ、日本にも進出している格安ホテル手配のオヨ・ルームズといったところが代表的である。またユニコーン卒業組としては、SBGも出資者だった国内最大級のECフリップカートが2018年にウォルマートに買収されている。

2019年末時点でインドのユニコーンは18社を数え、トップの時価評価額100億ドルのワン97コミュニケーションズは、2000年に創業された国内電子決済の最大手である。決済手段であるPaytmを運営しており、紙幣改革の恩恵を最も受けたフィンテック系企業と言える。もともとインドは日本と同様、現金取引・決済が主流で、紙幣などの流通期間も長く、個人レベルでの預金口座やクレジットカードなどの普及率も低い。これは古い紙幣がタンス預金として蓄えられていることも意味している。紙幣改革の理由は先に触れたブラックマネーの根絶の他に、より大きな効果としてスマホ決済、銀行のフィンテック強化などが見込まれたからである。

ワン97コミュニケーションズは、電子決済を事業運営するPaytmの親会社であり、むしろPaytmの知名度の方が高い。2015年にはインド最初の決済銀行のライセンスを取得し、インド国内消費者の現金取引から電子決済へのシフトを促す企業として最もその成長性が期待されている。電子決済のアリペイで知られる中国のアリババの出資を得て脚光を浴びたが、タタグループ元会長ラタン・タタ、ＳＢＧ、著名な米国人投資家ウォーレン・バフェットが率いるバークシャー・ハザウエイなども投資している。

小売実店舗については、大型ショッピングモールやコンビニなどの浸透が政府による小売り零細店舗の保護とも関係して、郊外においては開発が進んでいるものの、東アジア諸国と比較すれば明らかに遅れているのが現状である。外資のウォルマートも実店舗は卸売りの形態で許可されてきたため、またアマゾン・インディアなどの脅威もあって国内最大手のＥＣ買収に動いたと思われる。

3．東南アジアのユニコーンとVC、CVC

ユニコーン数とそれらに限定した投資額だけでなく、ＣＶＣを含むＶＣによるスタートアップ企業による投資額という点まで広げて見てみると、中国はより米国に接近しており、欧州以外の新興国では中南米、東南アジアへの投資額も大きくなっている。中国においてはそれだけユニコーン予備軍となるスタートアップ企業が多いことを示しており、２０１８年のＶＣによる投資総額はフィンテックのアントフィナンシャルへの投資増が影響して、７００億

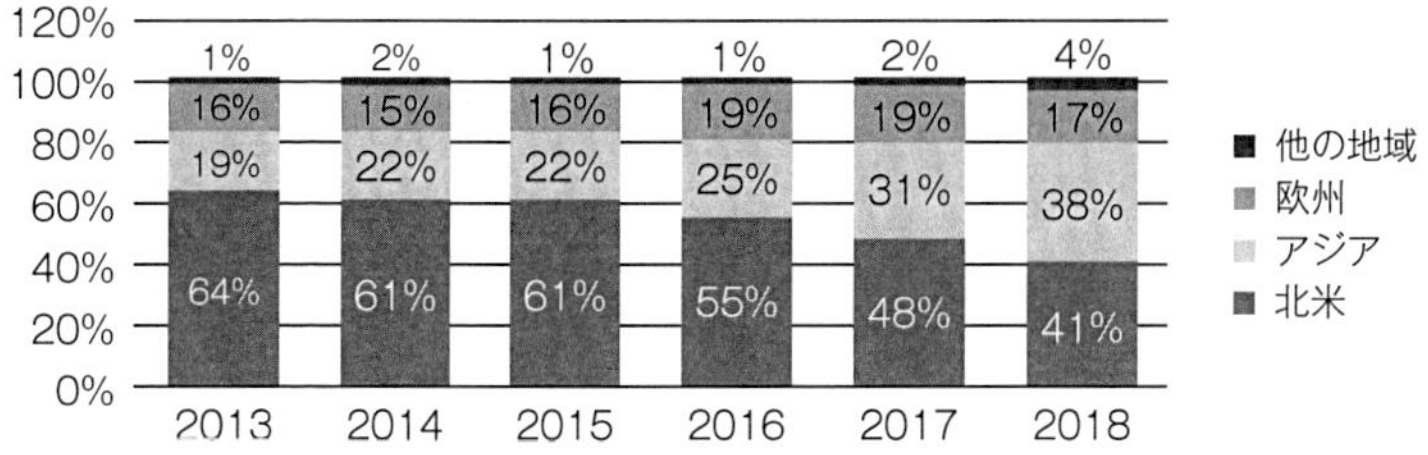

図３－１　地域別 CVC の投資件数比率

出所：CB INSIGHTS, The 2018 Global CVC Report 22.

ドルを超え、前年比53％増を記録した（数字はXinhua 2019.2.1）。

中国ではＶＣ同様、ＣＶＣも活発な投資を行っており、韓国もサムスンやカカオ・インベストメントなどの投資活動が知られている。財閥系のサムスングループは複数のＣＶＣを運用している。アジア地域ではセコイアやタイガーグローバルのように米国系ＶＣのプレゼンスが高いが、ユニコーンや有望スタートアップを輩出している国では、規模こそ小さくなるものの地場のＶＣやＣＶＣの投資活動も盛んである。図３－１のように、特にＣＶＣのアジア地域への投資件数はすでに米国に接近したものになっている。

Rin［2016：20］によれば、特にアジア地域では中国、インドにおけるＶＣの活動が活発だが、対照的に日本はそのＧＤＰの大きさに対してそれほど活発ではない。逆にＧＤＰ規模に対してシンガポールは非常に活発である。日本で活発でない理由として文化的要因とアウトサイダーを排除する傾向が強いことを挙げている。恐らく議論のあるところであろうが、ＶＣ、

CVCが増え大型化しているにもかかわらず、国際比較で見たアントレプレナーシップの弱さもよく指摘されるところである。

アジアでVCによる投資が集中する国については、先駆的に同地域のVCによるイグジットと活動を計量的に分析したDai, Jo and Kassicieh［2012］が指摘しているように、外資系VCにとっては投資に適した法整備のフレームワーク、株式市場の規模、企業の情報化開示と透明性およびモニタリングが十分実施できることに加えて、これらの条件と関連することであるが、イグジットとしてのIPOとM&Aが円滑に進められる国でなければならないという。ユニコーンリストの上位にある国はこうした条件を満たしているわけだが、ここでは事例として近年成長著しい東南アジアを取り上げてみよう。

東南アジアで上述の条件を満たしている国としては、シンガポールの名前が真っ先に挙がる。ただし、2019年上半期時点で、東南アジアのユニコーン数は6社に過ぎず、現状ではインドや韓国におよぶところではない。ユニコーンとスタートアップ、そしてVCとのネットワークと活動が最も盛んな国はシンガポールだが、東南アジアでもVC市場として先行しているためか、すでにユニコーンのイグジットが複数生じているために、グラブが1社のみリスト入りしているだけである。

シンガポールのユニコーンは、実は2018年末時点でグラブ以外にもゲーム・電子決裁・ECのシー（旧称Garena）、ECのラザダ、ゲームのレイザーの3社がリスト入りしていた。ゲーム事業からスタートしたシーは、シンガポールの政府系ファンド、テマセクから出資を受けEC・デジタル決済へと事業を多角化し、NY証券取引所に2019年初頭に上場を果たした。ラザダは東南アジア最大級のショッピングサイトを運営しており、テマセクや国際的な小売大手テスコ（英）などの出資を受け、東南アジアのアマゾンと称され、最終的にアリババが経営権を取得している。

ゲーム機器のレイザーはシンガポールに事業拠点を持ち、シンガポール人のミン・リアン・タンが買収し香港証券取引所に上場している。シンガポールの場合、政府系ファンドをはじめとして内外の投資家ネットワークの存在という優位性に支えられて、スタートアップとユニコーンの育成については東南アジアでは突出している。このため上場もしくはM&Aという形で比較的早くイグジットを遂げている。

設立からいずれも10年前後でイグジットを遂げているが、シンガポールのユニコーン、スタートアップを除けば、近年ではインドネシア発のユニコーンが突出している。2019年上半期現在でイグジットを遂げたユニコーンはないが、出資側を見ると配車サービスのゴジェックにはセコイア、ウォーバーグ・ピンカスといった大手米国VCが、オンラインマーケットプレイスのトコペディアにはセコイア、SBG、アリババが出資している。SBGとアリババの場合、後で見るように東南アジア一の消費市場を拠点とするユニコーンに対する戦略的な投資であることは明らかである。

グラブはウーバーから事業譲渡を受けた形でシンガポール以外にも東南アジアで事業展開しているが、ゴジェックと競合するためか、出資者としてSBGの名前は見当たらない。同じく事業譲渡した滴滴出行にはすでに見たように出資している。当初のウーバーへの投資から派生的に形成されたユニコーンにSBGは投資を広げてきたことがわかる。ゴジェックの場合、ジャカルタのようにモータリゼーションの急速な普及に伴い、極度の交通混雑を避けるために機動的なバイク便を主流としていることで差別化を図ってきた。

オンライン・トラベルエージェント（OTA）のトラベロカは2012年に米国留学した3人のインドネシア人によって設立され、OTAの世界的大手エクスペディアの出資も得ている。イグジットはインドネシア証券取引所（IDX）へのIPOを目指しているとされる。

他方、ベトナムのオンラインゲーム大手VNGは、米国ナスダック市場への上場を目指していることが2017年以降伝えられてきたが、2019年上半期現在まだIPOを達成していない。ナスダックの場合、上場基準が厳しく簡単にそうした基準をクリアできていないことが要因として挙げられよう。

ユニコーンリストから投資家たちを見る限り、米国系VC、アジア系CVCのバーテックス・ベンチャー・ホールディングス（テマセック傘下）、SBG、アリババグループなどの外資系大型VCとCVCの独壇場に見えるが、実際にはローカルVC、CVCも投資活動を活発化させている。外資系の大型投資の陰に隠れた形になっているが、出資比率がより小さい形でユニコーンに投資していたり、ポストユニコーンなどの有望スタートアップへの投資が行われてきた。しかもスタートアップの早い段階で出資が行われている。

２０１１年以降２０１７年までに、創業時でのシードステージでCVCを含むVCから投資を受けたインドネシアのスタートアップ企業は、２０１１年の5倍の約１、３００社に達し、投資額は１５０億ドルになったとBain & Company［2018］のレポートは見積もっており、次の5年で７００億ドルに到達するであろうとしている。

シードもしくは初期の成長段階であるアーリーステージでの投資にもローカルCVCは熱心で、東南アジアで２０００年代に先行したバーテックスやシンガポールテレコム系CVCの前例によって、スタートアップの成長から得られる利益だけでなく、出資する母体企業に対しても相乗的な利益をもたらしていた。このためインドネシアでは２０１４年に同国最初の合弁CVCソフトバンク・インドサットが設立されると、翌年にMDIベンチャーズ（通信大手のテレコムインドネシア系）が、２０１６年にはマンディリ・キャピタル・インドネシア（大手行バンク・マンディリ系）が次々と設立され、スタートアップへのローカルCVCによる投資が本格的にスタートすることとなった。[5]

ローカルＶＣ、ＣＶＣの組成は主に２０１０年以降に集中しており、２０００年代に創業したユニコーン、つまり当時のスタートアップの成長は、外資系ＶＣ、ＣＶＣによる投資に大きく依存していた。この点は現状においても同じだが、２０００年代においては創業からレイトステージに至るまで、投資可能なローカルＶＣ、ＣＶＣはなかった。こうした外資系ＶＣ、ＣＶＣの投資とスタートアップのビジネスパフォーマンスにインドネシアの研究者が注目するようになったのは最近のことにすぎない。

Benedictus and Rikumahu［2018］は、外資系ＶＣ投資後のスタートアップのビジネスパフォーマンスに正の相関関係があることをトコペディアの事例から導き出した。これは一事例にすぎないが、投資額だけでなくＣＶＣとスタートアップとのパフォーマンスについて、Widyasthana, Wibisono, Purwanegara and Siallagan［2017］は、より多くの事例（アプリ・デジタル広告企業）からシミュレーションモデルを用いて、株主間における相互作用（インタラクション）が創業後のビジネスパフォーマンスの決定因だとしている。

外資系ＶＣ、ＣＶＣによる出資は投資家間の情報ネットワークを通じて、次期投資ラウンドに新たなＶＣ、ＣＶＣを呼び込むことにもつながる。こうしたケースを図３－２のトコペディアのケースで見てみよう。シードの段階で出資したのはインドヌーサ・ドゥィタマだけだった。創業時はすでに述べたようにスタートアップへの投資とエコシステムが整いはじめる前だった。インドヌーサ・ドウィタマは鉱山採掘などを行うローカル企業グループの持ち株会社である。

アーリーステージに入ったところで、イースト・ベンチャーズが出資してから状況は変わっていくことになる。日本も拠点としているイーストが出資するとサイバーベンチャー、ソフトバンクが出資者となり、遂にアリババグループが大規模な出資を実施し、インドネシア最大のe-コマースプレイスを傘下に置くことになった。共にC2Cのコマースリイトに強みを持っており、この時点で両社の提携を通じた資源ベースでの潜在的な可能性が認識されると、時価評価額はゴジェックに次ぐ70億ドルに膨れあがったのである。

2009年のシードの段階での有望なスタートアップを発掘することは、外資系VC、CVCには困難であったろう。インドネシアのCVCの母体企業は財閥・コングロマリットであり、2010年以降、そうしたCVCがシード、アーリーステージのスタートアップへの投資を増やしていくことになった。2010年設立のGDPベンチャーズは煙草をコア事業としたジャルムグループが、2014年設立のSMDVは製紙・パルプのシナルマス・グループが、2015年設立のベントーラ・キャピタルは金融コングロマリットのリッポー・グループが、2017年設立のセントラル・キャピタルは、インドネシア最大手の銀行BCA

シードステージ

投資ラウンド	投資家（VC，CVC）	出資額
2009年（創業）	インドヌーサ・ドウィタマ（Indonusa Dwitama）（ローカル）	25億ルピア（約2,000万円）

アーリーステージ

第1ラウンド 2010年	イースト・ベンチャーズ（インドネシア，シンガポール，日本）	非公開
第2ラウンド 2011年	サイバーエージェント・ベンチャーズ	70万ドル
第3ラウンド 2012年	ビーノス・パートナー（米）	非公開
第4ラウンド 2013年	ソフトバンク・ベンチャーズ・コリア	非公開

レイトステージ

第5ラウンド 2014年	ソフトバンク・テレコム，セコイア・キャピタル	1億ドル
第6ラウンド 2016年	ホライズン・ベンチャーズ（香港）	1億4,700万ドル
第7ラウンド 2017年	アリババグループ	11億ドル

図3－2　トコペディアの資金調達プロセス

（注）投資ラウンドについてトコペディアの場合，投資ラウンドはABCDEシリーズと表記，本図では第5～7はEシリーズに相当.

出所：Benedictus and Rikumahu（2016）Table 4.1を修正して作成，トコペディア，VCのHPも参考にした.

がそれぞれ母体企業である。

これら母体企業グループのほとんどは経営トップの世代交代を経た財閥・コングロマリットであって、オンライン、ネット関係の系列会社を傘下に持っている場合も少なくない。[6] アーリーステージまでのIT、フィンテック、AIなどのハイテク企業投資に集中しており、2010年代に入って外資系VC、CVCの呼び水ともなっている。財閥の多角化志向が強いことから、母体企業側からすればCVCの組成と運用も多角化戦略の一環という見方もできよう。

以上見たようにシンガポールのユニコーンを除けば、東南アジアにおいてはインドネシアのユニコーンが多いが、ユニコーンリストを見る限り、現状では上位国に比較して目立った存在とは言えない。しかしながら先に述べたようにスタートアップのユニコーン予備群が多いのも確かである。Bain & Company［2018］によれば、このスタートアップも含めた投資額ではベトナムもVCにとって有望市場になっており、東南アジアへの投資は、フィンテック、AI関連、ブロックチェーンなどの技術関連投資が大半を占めている。

2019年以前にユニコーンリスト入りしていたベトナムのVNGは、同国初のユニコーンである。2004年に創業しオンラインゲーム、ソーシャルメディア事業を中心にベトナムで人気のチャットラインZaloを提供していることで知られている。VNGはイグジットとしてナスダック上場を目指してきたため、2017年以降、内外で話題となった企業である。2010年からは日本のサイバーエージェントのCVCであるサイバーエージェント・ベンチャーズが出資している。この他にもベトナム関連としては通信キャリア大手の持ち株会社にも出資している。

サイバーエージェントのようなCVCの投資規模は、老舗VCやSBGのような巨大CVCと比較すれば、自ずと限られたものとなるが、通例、出資比率や投資額などは公表されないことが多い。また2019年にトヨタのグラブへの出資、三菱自動車やヤマハ発動機のゴジェックへの出資など追加出資も含めて自動車関連メーカーからの投資が相次いだ。東南アジアではこの2社をめぐって国外のVC、CVC、自動車メーカーなどが巨額の出資を行っており、特に自動車関連メーカーとIT系企業のライドシェアリングビジネスへの関心は高い。

こうした東南アジアのユニコーンに対するCVC、事業法人の投資は、投資リターンの獲得を目的としたものというよりは、明らかに戦略的な投資に分類されるものであろう。先に述べたように、こうした投資ネットワークを前提として派生的にジョイントベンチャーなどが形成される傾向がある。またこうした東南アジアのユニコーンが、ASEAN6億人の成長市場で大きなシェアを持っていることも投資誘因の一つになっているようである。

【注】

（1）「バングラデシュ配車大手タパオ、54億円調達へ」日本経済新聞　２０１９．９．17．
（2）「「物流版ウーバー」アジアで陣取り　ゴーゴーバンなど」日本経済新聞　２０１９．12．５．
（3）「トラック配車アプリ「満幇集団」10億ドル調達へ」36kr Japan, 2018.8.10（http://36kr.jp/121[illegible]3/）
（4）IBEF（India Brand Equity Foundation）Indian Ecommerce Industry Analysis, August ,2018（https://www.ibef.org/industry/ecommerce-presentation）２０１８．９．25閲覧
（5）Corporate funds will shake up Indonesian VC mode（Nicko Widjaja）, Nikkei Asian Review, April 22, 2018.
（6）インドネシアおよび東南アジアの財閥の多角化戦略については、澤田［２０１７］第5章を参照のこと。

参考文献

澤田　貴之［２０１７］『アジアのコングロマリット―新興国市場と超多角化戦略―』創成社。
――――［２０１９］「コーポレート・ベンチャーキャピタル（ＣＶＣ）とユニコーン―メガＣＶＣの「戦略性」をめぐって―」名城大学経済・経営学会『名城論叢』第20巻第２号。
林　永周［２０１７］「ユニコーン企業に関する一考察―なぜユニコーン企業は急速に増えたのか？―」*NAIS*（*Nippon Applied Informatics Society*）*Journal,* Vol.11.
Benedictus Lawrence and Brady Rikumahu [2018] "The Performance after Foreign Venture Capital Firm Investment on Start-Up Business in Indonesia- Case Study: Tokopedia", *International Journal of Science and Research*, Volume 7, Issue 2.
Dai Na, Hoji Jo and Sul Kassicieh [2012] "Cross- border Capital Investments in Asia: Selection and Performance", *Journal of Business Venturing*, Volume 27, Issue 6.

Govindarajan Vijay, Chris Trimble [2012] *Reverse Innovation－Create far from home*, Harvard Business Review Press.（渡部 典子訳『リバース・イノベーション』ダイヤモンド社、２０１２年）

Hirukawa Masayuki and Masako Ueda [2009] "Venture Capital and Industrial Innovation," *SSRN Electronic Journal*, January.

Rin Marco Da [2016] "Financing Growth through Venture Capital in Asia and the Pacific", ESCAP, Discussion Paper, Macroeconomic Policy and Financing for Development Division.

Rosenblat Alex [2018] *UBERLAND, How Algorithms Are Rewriting the Rules of Work*, University of California Press.（飯嶋 貴子訳『Uberland ウーバーランド　アルゴリズムはいかに働き方を変えているか』青土社、２０１９年）

Saxenian, A. [1994] *Regional advantage: Culture and competition in Silicon Valley and Route 128*, Harvard University Press.（大前 研一訳『現代の二都物語』講談社、１９９５年）

レポート

Amway [2014] Global Report Entrepreneurship; Advancing Entrepreneurship Education.

第4章

アジア企業のイノベーションとビジネスモデル

1．アジア発イノベーション

イノベーション（革新）という言葉は、経済発展自体を説明する際によく用いられるものである。経済学者シュンペーター（Schumpeter［1912］）によるイノベーションの定義は有名であるが、こちらはより大きな社会全体の経済的発展の原動力となるものである。短中期の景気循環そのものが在庫や設備投資の規模と変化によって説明されるのに対して、イノベーションは長期の景気循環を説明する際に用いられることが多い。

イノベーションの典型としては、社会そのものを変えるような技術的な発明と商品の普及を挙げることができよう。近年ではアップルのスティーブ・ジョブズによるスマートフォンと言えばわかりやすいであろう。ただし、最初に革新的な商品を開発し世界に普及させた企業が世界シェアNo.1を維持することが難しいことは誰しも知っていよう。1854年に現在のミシンの原型となったモデルの特許を取得したのは米国人アイザック・シンガーだった。彼が設立したシンガーミシンは、そのブランドも含めて長きにわたって世界市場に君臨した。言うまでもなく君臨したというのは過去形である。一時期はエンパイアステートビルに先立って、1908年にニューヨーク、ブロードウェイに世界一の高層ビルとしてシンガービル（現在は存在しない）が完成し、その威容を誇ったほどであった。

現在のシンガーミシンは、２００４年に投資ファンド会社 Kohlberg & Company によって買収され、他のミシンメーカーとともにSVP Worldwideという会社の傘下に入っている一ブランドにすぎない。電子式のミシンを製造しているものの往時の面影はどこにもない。現在、世界のミシン市場でトップにいるのはＪＵＫＩ、ブラザー、蛇の目の日本メーカーである。巨大企業シンガーの変調と没落はどの時点から始まったのだろうか。第二次大戦前がそのピークとも言えるが、第二次大戦中に製造を傾斜させた銃器類から、戦後の民生品であるミシン製造への再転換が遅れたことが一つの理由として挙げられよう。

ミシンメーカーの日本勢は戦後すぐに家庭用ミシンを輸出しており、１９５０年代の前半からはＪＵＫＩが本格的に世界の工業用ミシン市場へ進出したため、シンガーは１９６０年代以降ミシン以外の事業も買収し多角化を図っていったが、結局日本勢に敗れることとなる。既成服の普及によって家庭用需要が減退する中、既成衣料品用のＢ２Ｂ需要をとらえて、ＪＵＫＩは１９６９年には革新的な「自動糸切り機構」を開発し、縫製工場の生産性を大幅に向上させた。これはその後のファストファッションを普及させる契機となった。

今日、中国をはじめベトナム、バングラデシュなどの縫製工場のミシンはＪＵＫＩで占められるようになった。また工業用需要は自動車用シートや靴、かばんなど需要の範囲が広く、こうした需要にもＪＵＫＩは対応して世界一の生産額を誇るまでになった。高度経済成長期にはブラザーがＪＵＫＩに続き、蛇の目も家庭用刺繍機能を備えたミシンでシンガーのシェアを侵食し、結局のところ２０００年にシンガーは工業用ミシンから撤退することになる。この間のミシンは足踏み式から電動式、電子式・コンピュータ制御式へと技術進化を遂げている。むろんシンガーがこうした技術進化に対応しなかったわけではない。既存のジャイアント企業はこうした技術進化にも絶えず目を配ってきたが、あるとき市場構造や産業そのものを一気に破壊する「破壊的イノベーション」(destructive innovation) の前ではなすすべがなかったのである。

クレイトン・Ｍ・クリステンセン (Christensen〔1997〕) が提起した「破壊的イノベーション」は、急速な技術革新によって、既存製品・サービスよりも低価格化、新たな機能、使いやすさ、小型化を実現し、既存企業による既存製品の改善・性能向上にとどまる「持続的イノベーション」とはまったく対照的な性質のものとされている。この場合、低価格を実現した革新的技術を備えたローエンド製品からはじまり、より高いミドル・ハイエンド製品へ移行しシェアを奪う「ローエンド型破壊的イノベーション」と、そうした製品・サービスが新しい市場自体を創出する「新市場型破壊的イノベーション」に分けられる。そしてこの２つのタイプはしばしば相乗的に働いて製品のライフサイクルを一挙に変え、場合によっては既存のジャイアント企業を市場から退場させることになる。

上述したように、こうした現象は第二次大戦後のミシンをめぐる業界内で起きたが、重要な点は当時、アジアの新興国に相当した日本のメーカーが「破壊的イノベーション」を引き起こしたことにある。同じフォロワー、後発のメーカーでも欧米先進国のメーカーはシンガーに対抗できず買収・吸収されるか、ほとんどが姿を消したのに対してである。戦後の日本の場合、固定レート制による円安にも助けられて低価格、革新的機能が加わって世界市場構造を変えるプレイヤーとなったわけで、こうしたケースはミシン業界だけに限らず、多くの業界で見られた。

自動車、家電製品、半導体、PC、スマホなどがそうである。こうした主要なプレイヤーの変更を引き起こすイノベーションにおいては、革新的な先発企業よりも後発国・新興国のプレイヤーの方がコスト・価格面と改良型技術革新の容易さによって、どうしても有利にならざるをえないからである。ミシンにおいて日本メーカーはグローバルプレイヤーを維持してきたが、それは新興国が本格的に参入しなかったからにすぎない。工業用ミシンは別にして、家庭用ミシンについては既製服の普及によって将来的な需要が見込みにくかったことが主因となっている。事実、ブラザーや蛇の目など家庭用ミシンの製造比率の高かった日本のグローバルメーカーは、まったく異なる製品を製造し事業の多角化を試みてきた。

ミシン以外にも自動車、家電製品、半導体、PC、スマホにおいてパイオニア・先発企業がその後も革新的な最初の製品においてトップを維持し続けることはむしろ稀であろう。フォードもGEの家電もテキサスインスツルメントの半導体も、そしてIBMのPCもアップルのスマホもそれぞれの製品において首位から陥落して久しい。そしてそれらのランキングはめまぐるしく変わった結果、家電、半導体、PC、スマホにおいては韓国、台湾、中国企業の独壇場となっている。

古典的な学説として、製造品が先発国から後発国へ順次移行する姿は1960年代にバーノン（Vernon［1966］）の「プロダクトサイクル論」に、また日本を想定して雁の編隊のように順次移行する姿は、1930年代に早くも赤松要の「雁行形態論」（赤松［1965］、小島［2003］［2004］）に描かれていた。しかし、実際の新興国と新興国企業の登場は、20世紀最後の四半世紀以降のことで比較的新しい事象だった。それでも当初は後発の新興国企業の台頭（特に台湾系、韓国系企業）に対しては、欧米日多国籍企業の「下請け」的な視線が経済学・経営学研究者・ジャーナリズムの間で満ちていた。

実際、台湾のPC、エレクトロニクス製品の相手先ブランド製品製造（EMS：electronics manufacturing service）は、米国のデルやHPなどのPCメーカーのビジネスモデルを一変させることとなった。アパレルや靴、その他の製造品でも定着した相手先ブランド生産（OEM：original equipment manufacturer）同様、自社工場を持たないビジネスモデルを定着させることとなった。他方で受託企業は受注をめぐって激しい競争を繰り広げつつ、競争相手をM&Aで吸収しつつ、名だたる先進国のクライアント企業の技術を吸収しODM（Original Design Manufacturing）企業へ進化を遂げるにさほど時間を要しなかった。つまり単なる下請け・受託製造業者ではなく、メーカー側に開発・設計を提案できる実質的な新興国発多国籍メーカー・企業が現れるようになったのである。

EMSメーカーでは台湾の鴻海精密工業を代表格として挙げることができるし、台湾のPCメーカーの成長も1980年代以降著しかった。エイサー、アスース、クアンタ、コンパルのような世界的大手メーカーが次々と出現した。ここでも成長の原動力はEMSというビジネスモデルだった。他方でクライアントとなった先進国企業にとって、1990年代以降このビジネスモデルは、魅力的なものであった。従来の先進国のPCメーカーやエレクトロニクスメーカーにとって、スマイルカーブの川上（設計・開発・デザイン）と川下（マーケティング、販売）からより高い付加価値が生み出されるようになっただけでなく、工場と製造工程への設備投資を不要にしたからである。[1]

デルもHPもできるなら固定投資額の大きい自社工場など持ちたくなかったのである。最初のクライアントとEMS企業の契約は、PCに見られるように米国と台湾の企業間取引が中心となった。スマイルカーブはPCやエレクトロニクスメーカーだけでなく、GAPやファーストリテイリングのようなアパレルのＳＰＡ（Specialty store retailer of Private label Apparel）についても当てはまるものであった。こちらは当初はＯＥＭ企業・工場が中国に集中していたが、現在では中国プラスワンならぬ中国プラスマルチプルとなっている。ＳＰＡにとってマルチプル（多数）とはベトナム、カンボジア、バングラデシュ、スリランカなどである。

これに対してＥＭＳの場合は台湾系企業が最も恩恵を受け、ＰＣの自社ブランドを展開しているケースも少なくない。その場合はクライアントと競合しかねないので、例えば別会社として事業展開することが多いようである。単なる「下請け」（Subcotractor）ではないのである。そもそもスマイルカーブはクライアント・先進国企業側が提示したものではなく、エイサーの創業者スタン・シーが図式化したものである。台湾系企業の戦略的な視点に基づいてＥＭＳが普及したのである。不況期に既存メーカーの工場を買収しながら有力ＥＭＳ企業は成長を遂げ、既存メーカーは生産施設を減らしてきた。その時点で既存メーカーはＥＭＳなしでは成立しえないまでになっていた。

今ではＰＣは以前ほど利益を生み出す事業ではなくなってしまった。ＩＢＭのように２００５年にＰＣ事業に見切りをつけて中国のレノボに事業を売却し、以後ＩＢＭは蓄積した法人顧客との関係をベースにしたソリューションビジネスに移行し成功を収めている。一方のレノボは当初はThinkpadというPCブランドを手に入れ世界一のPCメーカーとなったが、PCの生産出荷が世界的にピークアウトした後は長らく低迷に苦しむこととなった。その後、スマホを中心としたモバイル事業、データセンター事業、クラウド事業に力点を移し収益改善を図っている。

台湾系EMSも同様に生産レンジを広くし、来るべき電気自動車の市場拡大、特に中国市場をにらみ、2014年以降テスラとの提携を進めてきた。台湾系に限らず世界のEMS、そして既存の自動車メーカー・部品メーカーとは異なる異業種企業（家電メーカー）のEV市場への参入も盛んとなっている。付加価値を生み出しにくいと言われた旧来の生産工程自体も、新製品市場を組み込むことでEMSは次の進化に乗り出そうとしているのである。

2. 新興国発イノベーションは普及するか

「リバースイノベーション」という言葉がある。従来のイノベーションは先進諸国内で生まれるか、先進国発のものにとどまっていた。しかし、現在においては新興国市場というものが成長し大きくなるにつれて、あるいは潜在的な成長性を有している新興国・途上国市場を先進国側企業が、先進国市場と同様に自らの顧客として取り込んでいくことが求められるようになっている。誰も中国やインド市場を避けることはできないし、アフリカ市場も無視することはできないのである。

多国籍企業であろうが、中小企業であろうが、新興国・途上国市場に自社製品やサービスを投入する場合、最も気を付けなければならないのは価格と市場の特性であることは言うまでもない。先進国と同じ10万円以上する価格帯のスマホは途上国市場ではボリュームゾーンの売れ筋になることは期待できないであろう。この場合、機能を絞り込んだ低価格スマホがボリュームゾーンを形成することになる。市場特性に対応することは現地化と同義で最も多い購買層を取り込むことになる。

プラハラード（Prahalad［2006］）が示して見せた「ＢＰＯ（Base of Pyramid）ビジネス」とは、所得別に分けられた世界人口のピラミッドの下部・底辺に位置する購買層を取り込むことに他ならない。スマホに限らず、多くの耐久消費財、日用品などに至るまで現地のボリュームゾーンを形成する購買層に合わせた価格付けが必要になる。先進国で販売されているボトルタイプのシャンプーは高すぎて買えないために、新興国・途上国などで小分けした袋に入った低価格のシャンプーや同じく小分けされたインスタントコーヒーなどが店頭に定番のように見られるのはこのためである。インドでは煙草さえもバラで売られているのである。そのためビディと呼ばれる格安の葉タバコ（葉っぱ一枚を丸めて糸で結んだもの）を製造販売する業者もいる。

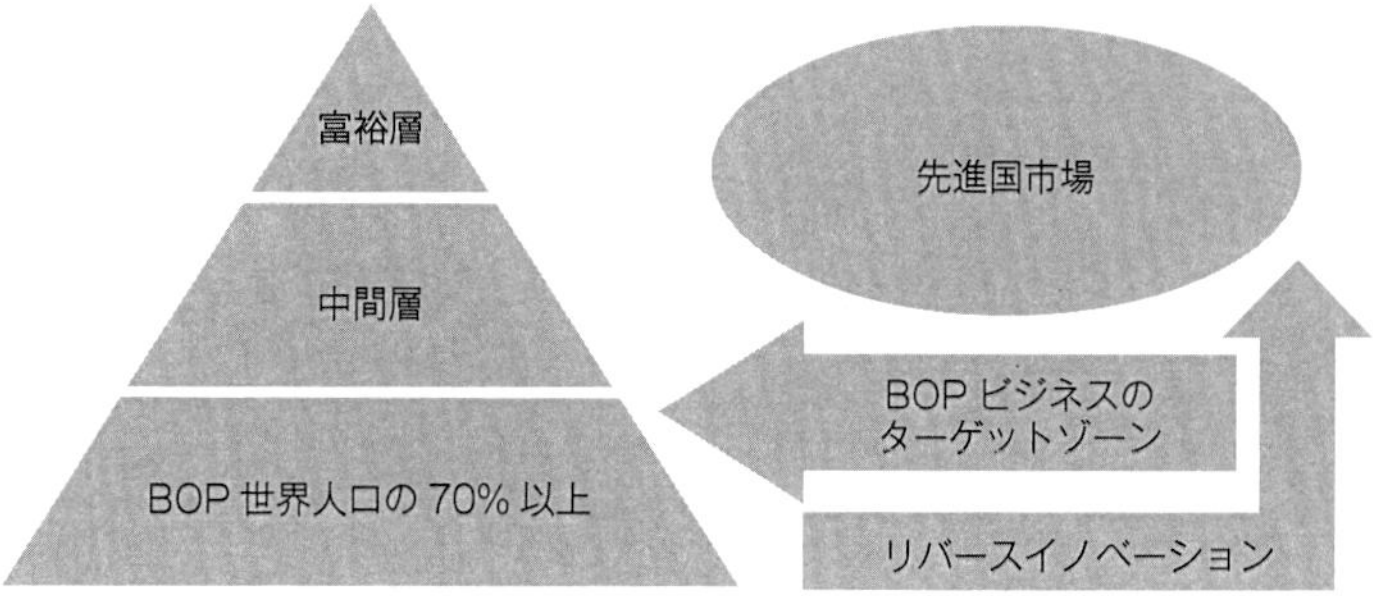

図４－１　世界人口の所得階層別ピラミッドとリバースイノベーション

出所：筆者作成

図４－１は世界人口を所得階層別に分けたピラミッドである。かつて多国籍企業は、ボトムないしベースの新興国、途上国の人口層をビジネスの対象としてこなかった。現在では先進国以上の成長率を示す新興諸国や途上国も少なくないことと、こうした層は将来的に所得を上昇させていくことも見込まれる。新しい顧客としては長期的に有望であるばかりか、先進国で定着した製品やサービスを価格・料金も含めて現地適応させていけば商機は大きくなる。

ＢＯＰに関する具体的な企業のビジネス事例としては、ＷＨＯ（世界保健機関）とともにインドの農村で手洗いと石鹸を普及させるために、ヒンドゥスタン・ユニリーバーが小分けした石鹸を販売し普及させたことはよく知られている。先述したように、低所得層向けにオリジナル商品を少量パッケージ、一回使い切りにしたケースは多い。先進国にも自国消費者向けに、例えば旅行用やホテルアメニティの商品として少量の歯磨きチューブやシャンプーなどがもともと流通しており、新興国・途上国市場に対応することは日用品メーカーにとって困難なことではなかった。

住友化学が1990年代に開発した蚊帳に殺虫剤を浸透させたマラリア防除用ネットはアフリカ市場で浸透し、マラリア死亡者を激減するのに貢献した。また安全な水にアクセスできない途上国に対して浄水ろ過装置や簡便な浄水用薬品を供給している先進国企業も多い。中小企業を含む先進国企業にとっての事業機会の拡大として捉えられており、現地企業にも機会はあるものの、技術・ノウハウの面で前者にとっての機会がより大きいことは否定できない。

ただし、バングラデシュのマイクロファイナンス機関グラミン銀行（ムハマド・ユヌスが1983年に設立）や1972年に設立された巨大NGOとして知られるブラック（Bangladesh Rural Advancement Committee）は、自らBPOビジネスを行っており、海外企業と連携して大きな成功を収めている。今やグラミンやブラックはバングラを代表する「最大手企業」なのである。多国籍企業にとってのパートナーとして位置づけられており、特に女性の事業機会を数多く提供してきた。ブラックは多くの海外企業から出資を受け通信事業者として最大手になっており、グラミンとユニクロとの提携も記憶に新しいところである。

ＢＯＰビジネスは国連、世界銀行、各国政府などやＮＧＯとの連携も多く、２０１５年の国連サミットで採択されたＳＤＧｓ（Sustainable Development Goals）と概念的に重なっており、企業の社会的責任としてのＣＳＲ（corporate social responsibility）がさらに途上国を含む地球的な規模での運動として拡大したものとも言える。ＳＤＧｓは「貧困の根絶」「働きがい」「気候変動への対策」など17の目標を掲げ、２０３０年を一つのゴールに設定している。

企業側にとって新興国・途上国市場仕様の製品やサービスを提供すること、あるいは「現地化」（localization）と呼ばれる対応は、特に多国籍企業にとってはもはや当たり前となっている。個別の市場特性がほとんどなく、自国と先進国市場がほぼ均一であるならば、多国籍企業は本社主導で製品開発から製品の投入までを決定すれば良かった。そして現地子会社は本社の指令に基づいて現地市場に製品を投入すれば良かった。

もともと戦後の多国籍企業論は米国から欧州・他の先進国へというような進出（直接投資）を前提とした研究が主流だったが、進出先がアジア、新興国・途上国へと広がるにつれて本国や先進国市場とは格段に異なる市場への対応から、本社・現地子会社間の力関係や組織編成などへ研究対象が移行していった。Bartlett and Ghoshal [1989]（既出第2章参照）によれば、本国主導型のグローバル型を初期のものとすれば、現地法人に一定の権限を付与し、分権化が進んだものが米国企業によく見られたインターナショナル型である。しかし、新興国市場では現地の技術水準が急速に高まるために、インターナショナル型の本社優位性はさらに削がれ、現地市場への適合化を目指した分権化と組織化がさらに進むことになる。これがマルチナショナル型である。そして現地適合化がさらに進めばトランスナショナル型になるとしたのである。

Bartlett and Ghoshalの研究は、どの型の組織が優れているのかというわけではなく、現地市場に対する戦略的な段階が変化することでまた組織も変わるということを示そうとしたもので、文字通りチャンドラーの『組織は戦略に従う』（邦訳版2004年）という見本とも言える。現地適合が最も進んだトランスナショナル型では、現地市場で気づき、開発・獲得したイノベーションを世界市場で展開できるほどの能力を有するまでになっている。

現地適応から本国へのフィードバック、先進国市場での製品化に至る例はそれほど多くない。いわゆるリバースイノベーションと呼ばれるものだが、企業はしばしば新興国・途上国市場では先進国の型落ち製品を投入するのが常だった。例えば2000年代に入って先進国市場ではすでに薄型液晶TVが主流であったにもかかわらず、インドの家電ショップには相変わらず薄型ブラウン管TVが並んでいたのである。それらの製品の多くは日本のメーカーのものだった。

似たような事例は新興国市場の自動車などにも見られた。確かに低価格であることを優先するならば、型落ち的な製品の投入はメーカー側にとっては現地適応策の一つであったかもしれない。しかし、急成長を遂げている新興国に対してこうした決めつけの戦略は一昔もふた昔も前のものであり、情報がグローバルに共時・共有化されている時代においては新興国市場の消費者も先進国で流通している同じ製品を欲することは自明である。

この場合、スマホに示されるように低価格で機能を絞り込んだ製品・機種は先進国企業だけでなく、ローカル企業にも多大な事業機会を提供することになる。中国市場における格安スマホのシャオミの短期間における成長と自国市場における市場シェアの獲得はそれを物語っている。エレクトロニクス製品については先進国と新興国の技術格差はなくなっており、市場特性を学ぶ時間を要する先進国企業よりも、最初から自国の市場特性を知り尽くしたローカルメーカーに軍配が上がることは特に例外的なことではないのである。

3. 現地適応とリバースイノベーション

先進国市場を標準としてもともと現地適応化が遅れがちな先進国企業に対して、自国市場が新興国市場である場合、自国市場を掌握することのできたローカル企業は他の新興国市場・途上国市場でも強みを発揮することで、先進国企業は成長市場で強力な新興のライバルたちの壁に直面することになる。新興のライバルとは、自国市場との相似性から現地適応化において有利な中国などのメーカーのことである。

中国メーカーに先立って、この現地適応化・現地ニーズに対応したのはサムスンなどの韓国メーカーであった。新興国・途上国市場に進出するにあたって、サムスンは既存の日本メーカーと重なる市場をあえて避けた。ただし韓国メーカーの場合、自国市場と新興国・途上国市場との相似性というよりも、輸出依存度の高い自国経済を反映した戦略的な市場開拓であったと言える。サムスンは海外進出に際して、現地市場で生活しニーズをかぎ取る専門駐在員（地域専門家制度）を先行して派遣していたことはよく知られている。

実際、サムスンは現地ニーズに対応した数々のヒット商品を2000年以降生み出した。インドでは鍵付き冷蔵庫（メイドによる盗難防止用）、イスラム圏市場では聖地メッカの方角を指すコンパス付きの携帯といった具合である。格安の機能を絞り込んだスマホは、インドをはじめとした新興国市場に当時50ドルを切る価格で販売された。マーケティング戦略とともに、家電も含め、日本メーカーに対しては価格訴求力で、中国メーカーに対しては機能・ブランド面で優位に立って、TV、エアコン、冷蔵庫、スマホなど主要エレクトロニクス製品でインド市場の市場シェア上位を占めることができたのである。

インドのように市場規模の大きな新興国市場では、後発メーカーに遅れをとった日本メーカーの巻き返し、中国メーカーの追い上げ、ローカルメーカーのビデオコンやボルタス（タタ系）の成長もあって競争は熾烈を極めている。スマホでは中国のシャオミがサムスンを追い上げており、エアコンでは日韓勢に格力などの中国勢が勢いを増している。そして現地ニーズをとらえたり、現地適応化を進めているのは韓国勢だけではない。

パナソニックは、ベジタリアンの多いインド市場に着目して野菜収納スペースを広くした冷蔵庫やカレーの汚れが落ちやすい洗濯機を投入し、現地法人のトップをはじめ人材の現地化も進めてきた。各社の現地製造や製品開発センターの現地化も進み、現地を中心とした組織能力も高めているのが現状であるが、これらの新興国市場向けビジネスは大半が現地仕様の製品にとどまっている。他方で類似の市場特性を持つ新興国・途上国への拡大だけでなく、その中からは先進国市場へ逆輸入される製品やサービスも現れている。

Govindarajan and Trimble［2012］（既出第3章参照）が著書『リバースイノベーション』の中で紹介したのは、GEのヘルスケア部門が中国で開発・販売した医療超音波機器のケースである。GEは当初、米国や先進国で販売されていた10万ドル以上する医療超音波機器を2002年に中国市場にも投入したがうまくいかなかった。そこで上海の研究拠点で独自の開発を進め、2007年に1万5千ドル以下の中国市場向け製品を販売したところ、大成功を収めた。そして話はこれで終わらなかった。この製品を本国米国および先進国市場に投入してさらに成功をおさめたのである。

2018年にセイコーエプソンが日本市場で販売をスタートしたプリンターは、インドやインドネシア市場での経験を活かして開発された製品だった。意外なことにプリンターの本体価格は従来の製品より高かった。ただし、大容量のインクタンクを備えた製品で従来の製品よりはるかにインク節約的なものだった。家電量販店に並んでいる一般市販用のプリンターは本体価格が安く、1万円を切る機種も珍しくない。これに対してインクカートリッジのセットはプリンター本体価格の約半分で2回交換すれば、たちまち本体価格を上回ってしまうのが常だった。プリンターメーカー側は、いわゆる純正インクの販売で儲けるジレットモデルを長らく採用していたからである。

これらは業務用ではなく一般市販のプリンターだが、驚くべきことにインドやインドネシアでは中小の印刷業者や法人が用いるケースが多く、インクが高価なために非純正品が大量に出回りプリンターそのものの故障・不具合の原因となっていた。

リバースイノベーションの事例はまだそれほど多いわけではないが、家電製品のように先進国市場と新興国・途上国市場における製品開発と現地化製品のすみ分けを進めた多国籍企業の例は食品・飲料にも見られる。例えば食品の多国籍企業ネスレ（スイス）は、こうしたBOPビジネスについて卓越したマーケティングを用いてきたことで最も有名な企業の一つである。

日本市場は世界で最も飲料・菓子製品の商品回転率が高く、新製品の投入回数やそれらの種類の多さは他の市場には類を見ないものである。この市場特性に対応しているのは国内メーカーだけでなく、外資系メーカーも同じである。コカ・コーラ一つとっても非常に種類が多く、同一メーカーの製品内で共食いも起きやすい。にもかかわらず日本市場では「限定」と銘打った製品も含めれば、製品の回転速度で消費を喚起するマーケティング手法が長く根付いているために、消費者がそれに慣らされてしまった側面もある。

こうした市場特性に合わせて国内のお菓子メーカー以上にネスレは多品種・新製品の投入を行ってきた。世界市場に共通するチョコレート菓子「キットカット」一つをとってみてもその種類の多彩さには驚かされる。外国人観光客もこうした日本市場の特性を熟知し、抹茶のキットカットなどさまざまなフレイバーのキットカットをお土産として購入していることはメディアで広く報道されてきた。ネスレ日本側も「キットカット」専門店「キットカットショコラトリー」を東京、大阪などで展開している。

こうしたネスレの各国における独自の自社製品はアジア、新興国全般におよんでいる。フィリピンではコーヒーよりもネスティーというソフトドリンクが有名で、菓子類もフィリピをはじめ新興国市場では類似のベストセラー商品よりもさらに安価な独自製品を投入している。フィリピンではSM財閥系やロビンソンなどの大型ショッピングモールやスーパーなど

表4－1　リバースイノベーションの事例

通信会社サファリコム（ケニア）	2007年ケニアで誕生した電子送金システム M-pesa は，現在のモバイル送金の先駆け的な存在として登場した．預金口座を持たないケニアの多くの人々に送金サービスを提供したことで，M-pesa や類似のサービスが世界に普及することとなった．既存の社会経済インフラが整備されていない新興国・途上国において，新しい製品・サービスが先進国の技術進展を飛び越えて一気に浸透していく「リープフロッグ型発展」の典型例である．
小松製作所	建機需要の大きい中国で，建機に GPS を用いた KOMTRAX と呼ばれる稼働状況と遠隔操作ができるシステムを内蔵した．中国では自営業者が建機を建設会社にリースするケースが多く，しばしば代金回収が困難になることが多かったが，その場合，KOMTRAX 搭載の建機では遠隔操作で稼働停止が可能になった．また盗難防止にも有効であった．情報収集を通じて製品改良と開発にフィードバックできることに加えて，ビッグデータとして建機全体の稼働状況から景気動向まで察知できるようになっている．同社の KOMTRAX 建機は世界に普及している．
LIXIL（日本）	水不足に悩むケニアにおいて開発販売された節水型，無水循環型トイレ．米国や日本，オーストラリアなどでも被災対応型トイレとして販売供給されるようになった．
ネスレ（スイス） インドフード（インドネシア）	ネスレによって長年インドで販売されてきたインスタント麺のマギーは，低価格・ローカロリーであることから，健康志向の高いオーストラリア，ニュージーランドでも販売されるようになった．インドネシアで人気のインドフードのインスタント麺インドミーはイスラムのハラル認証を得ており，イスラム圏での製品シェアが高く，インスタント麺の売上は日清食品に匹敵するほどになっている．
マヒンドラ＆マヒンドラ（インド）	インド最大手の農機具メーカーマヒンドラは，インドや新興国・途上国に合わせた中小型の農機を開発販売してきた．米国は大型農機が主流の市場であったが，小規模農場経営者の需要があるため米国に販路を獲得している．

出所：Govindarajan and Trimble［2012］，経済同友会［2018］の紹介している事例などを含めて筆者作成．

ともに、サリサリストアなどの伝統的な（狭小な）雑貨店が併存しており、後者のような零細業者もディストリビューション（流通）の重要な担い手となっているからである。

フィリピンのような流通事情は東南アジアの多くの国々で共通していることが多く、サリサリストアなどのような零細小売業は、インドやバングラデシュなど南アジアでも数多く見られる。インドの場合、零細小売業とスーパーなど大型小売業が競合しないように、都心ではなく郊外にショッピングモールが建設されることが多い。都心部では消費者がむしろ必要な買い物をするために複数の小売店を回らなければならないことも珍しくない。このため多くの商品を扱う零細雑貨店は必要不可欠の存在となっている。

バングラデシュでは零細小売業にブラックなどが少額融資（マイクロファイナンス）を行っており、特に女性自営業者の経済的自立を支援している。またフィリピンのように、仕入れロットが大きい大型スーパーが小売りだけでなく、商品のパック売りよりもばら売りを行っているサリサリストア向けの卸売りも兼ねている場合が少なくない。ある意味、大型スーパーと零細小売業は競合関係だけでなく、共生関係の一面も持っている。コンビニの場合もスタンドショップ型や日本よりも小型店舗のタイプのものが見られ、インドネシアではこうしたタイプと日系のコンビニが競合し苦戦を強いられている場合も多い。

このように現地に適応した製品仕様は、現地の所得水準や消費行動などに加えて、多数の零細小売業を含む流通網なども考慮することが必要となっている。

【注】

（1）ＥＭＳの登場は既存のメーカーの在り方を変えただけでなく、世界のメーカーがＥＭＳに発注することで、自ら開発能力と技術を獲得し、Ｍ＆Ａを通じてメーカー以上のメーカーへと発達を遂げてきた。その意味では台湾の鴻海精密工業は最も成功を遂げたＥＭＳである。

（2）サムスンの事例については、例えば曺［２０１１］が詳しい。

（3）プリンターの事例については松井［２０１７］参照。

参考文献

赤松　要［１９６５］『世界経済論』国元書房。

小島　清［２００３］［２００４］『雁行形態発展論　第1巻』『同　第2巻』文眞堂。

曺　希貞［２０１１］「サムスン電子のインド市場戦略」横浜国際社会科学学会編『横浜国際社会科学研究』６（２）。

松井　義司［２０１７］「日系企業の新興国市場における事業革新—エプソン「インクタンク」の導入過程」『赤門マネジメント・レビュー』16（6）。

Chandler, Alfred D., Jr. [1962] *Strategy and Structure: Chapters in the History of the Industrial Enterprise*, MIT Press.（有賀　裕子訳『組織は戦略に従う』ダイヤモンド社、２００４年）

Christensen, Clayton M. [1997] *The Innovator's Dilemma: When New Technologies Cause Great Firms to Fail*, Harvard Business School Press.（玉田　俊平太監修、伊豆原　弓訳『イノベーションのジレンマ—技術革新が巨大企業を滅ぼすとき』翔泳社、２００１年）

Prahalad C. [2006] *Fortune at the bottom of the pyramid, the: eradicating poverty through profis*, Wharton School Publishing.（スカイライト・コンサルティング訳『ネクスト・マーケット［増補改訂版］―「貧困層」を「顧客」に変える次世代ビジネス戦略』英治出版、２０１０年）

Schumpeter Joseph Alois [1912] *Theorie der wirtschaftlichen Entwicklung*.（『経済発展の理論』（原書第2版、塩野谷 祐一・中山 伊知郎・東畑 精一訳、岩波文庫、１９７７年）

Vernon R. [1966] "International Investment and International Trade in the Product Cycles", *Quarterly Journal of Economics*,Vol.80, No. 2.

その他資料

経済同友会［２０１８］「２０１７年成長フロンティア開拓委員会報告書」。

第5章

ホスピタリティとアジアの企業

1．観光・ホスピタリティ産業の優等生　タイ

２０１８年10月27日、イングランドのレスターにてプレミアリーグレスター対ウェスト・ハム・ユナイテッドの試合終了後、衝撃的なニュースが世界に伝わった。当時、日本の岡崎慎司がプレイし前年には大方の不利という予想を覆し、プレミアリーグ優勝を果たしたレスター・シティのオーナーを乗せたヘリがキングパワースタジアムを離陸後墜落し、オーナーが亡くなったのである。

オーナーの名はタイの免税店で有名なキングパワーの会長ビチャイ・シリワッタナプラパー（当時60歳）、タイを旅行した人なら見おぼえがあるかもしれない、免税店のKing Power Duty Freeを創業した人物である。亡くなる前はフォーブス、ビリオンネアのタイで七番目の富豪にランクされており、資産は49億ドル（約5，500億円）とも言われていた。２０１０年にプレミアリーグのレスター・シティを買収しオーナーとなっている。このときの本拠地だったウォーカーズスタジアムは、キングパワースタジアムと社名を冠したスタジアムに改称された。レスターがプレミアリーグで優勝を果たした後、オーナーが19台のＢＭＷi8を選手たちに贈ったこともニュースになった。またレスターは、地元だけでなくタイ国内でも凱旋パレードを行い、タイ国民の熱烈な歓迎を受けただけに、オーナーの訃報は

タイ国内の実業界だけでなく広くタイ国民にも大きな衝撃となった。

タイに限ったことではないが、東南アジアではサッカーは最も人気のあるスポーツの一つである。ベトナムやシンガポールの国民もサッカーへの思い入れは想像以上である。ただ残念なことに、どこの国のナショナルチームもワールドカップ出場を果たすレベルにまで到達していない。このため同じアジアの日本のJリーグへの注目度も高い。また自国のオーナー経営者がオーナーとなっているヨーロッパのチームを応援するケースも多い。オーナーだけでなく、リーグチームのスポンサーとなる企業も少なくない。そしてオーナー経営者自身、成功したらヨーロッパリーグのオーナーになることを夢見ていることも多い。

ビチャイ会長はレスター以外にも、ベルギーリーグのオハイオ・ルーヴェンのオーナーでもあった。過去には元首相で大手携帯通信会社シン・コーポレーションを創業し莫大な富を築き上げたタクシン・チナワット元首相（1949年～）も、2007年にイングランド・プレミアリーグのマンチェスター・シティFCのオーナーとなったが、シン・コーポレーションのシンガポールの政府系ファンドテマセックへの売却をめぐる不正行為によって首相の座を追われ亡命、2008年にはわずか1年でUAEの投資グループ（ADUG）にチームを売却してしまった。

その後、タクシンの妹インラックも補助金不正で首相の座を追われ、タクシンもインラックも亡命せざるをえなくなったが、チナワット一族の政治的影響力と海外資産も含めた財力は健在である。どこかの国に限らず、財閥トップや企業がスポーツチームのオーナーになることは特段珍しいことではない。それは過去から現在までの日本のプロ野球事情を振り返ってみれば納得できよう。ただし日本のプロ野球は野球自体がサッカーのようにワールドワイドな性格を持たないため、あくまでも国内にほぼ限定された広報効果しかない。

例えば楽天はプロ野球以外にＪリーグヴィッセル神戸のオーナーであるが、２０１７年からは４年契約でスペインのＦＣバルセロナと年間約64億円のパートナー契約を結んでいる。日本のサッカーファンにとって、バルセロナの選手ユニホームにRakutenという名前が刻まれていること自体驚くべきことなのかもしれない。世界市場への進出を狙う楽天にとって、世界へ向けた広報戦略なのであろう。同じようなことがタイの企業グループに限らず、アジアの多くの企業に見られる。近年ではスポーツを通じた広報戦略でも、日本の企業はこうしたアジア系企業の陰に隠れた形になってしまっている。

ビチャイ会長の死後、キングパワーは息子のアイヤワットが会長とＣＥＯ職を引き継ぐことになったが、不慮の事故がなければ依然として創業者が辣腕をふるい続けたことは間違いなかろう。キングパワーの創業は１９８９年と比較的新しく、約30年の歴史しかない。裏を返せば、短期間でタイ有数の財閥の仲間入りを果たしているということである。キングパワーは、バンコクのビジネス中心地に12、000平方メーターの免税店のショッピングモールを有し、スワンナプーム国際空港にも支店を持っているタイ随一の免税小売店である。

創業の1989年にバンコク中心街マハタンプラザでの免税店ライセンスを得ると、1990年代後半にはドン・ムアン国際空港（旧バンコク国際空港）での独占的な営業権を、同じくバンコク中心街のワールドトレードセンターでの独占営業権を政府から獲得している。90年代に至るまでのこうした独占的な営業権の獲得が、キングパワーの急成長の源となったのは間違いない。こうして2000年代に入ると独占的な免税店はタクシン政権下でさらに増え、2009年には国王から王室御用達許可書を得ている。もともと免税店は政府観光当局によって運営されていたものがキングパワーに譲渡されたもので、ここからビチャイ会長と政府との強いコネクションがあったことをうかがわせるものとなっている。[1]

キングパワーは2016年にタイ最大のLCCタイ・エアアジアを約230億円で買収し、小売りからさらに多角的なビジネスに乗り出しており、コングロマリットへの道を進もうとしている。キングパワーの直接的な急成長の要因は営業独占にあったわけだが、その背景にはタイがアジア一の観光大国であるという背景があったことも大きい。2018年に日本でははじめて訪日外国人観光客が3、000万人を突破した。2010年代に入ってから外国人観光客数は伸び続け、いわゆるインバウンドとして国内的には低調なデパートなどの小売業や地方の観光地を潤してきた。この短期間の日本の情勢だけ見ても、インバウンドを通じた観光収入とその経済効果が見直され、日本政府、地方自治体もますます観光客の誘致に力を入れるようになっている。

国際収支面において観光収入は一定の重要性を持っていることを看過すべきではない。観光資源そのものが自然であろうが都市のように人工的なものであろうが、インバウンドの規模が大きければ、それだけ経済的な波及効果は期待できるものとなる。日本のインバウンド効果を早い段階で見越していた中国の家電量販店蘇寧電器は、2011年に日本の家電量販店のラオックスを買収して自社グループの傘下に収めた。この買収は当時、日本のニュース番組で頻繁に取り上げられた。その後、この買収は中国人観光客の増加を中国企業が囲い込み取り込んだ事例となった。ちなみに蘇寧電器は2016年に、イタリアのセリエAを代表するインテルも買収している。[2]

直近の日本の例だけでなく、韓国のケースもインバウンドの重要性をよく示している。近年では中国人観光客の減少によって全体の外国人観光客数は低迷状態にあるが、ピーク時にはロッテホテルの上階免税店に通じるエレベーターには二列に並んだ中国人観光客が外まで長い行列を作っているのを目撃して驚いた記憶がある。言うまでもなくロッテグループは多角化しているが、こうした免税店ビジネスは中核事業となっており、その背景には単に電子立国としてだけでなく、日本に先んじて韓国が観光立国の道も歩んできたことにある。

2. ラグジュアリ・リゾートホテルとインバウンド

タイのインバウンドは韓国どころか直近の日本も凌いでおり、その規模は年間4、000万人に迫ろうとしている。とりわけ中国人観光客の増加が、全体の増加を押し上げている最大要因となっている。日系メーカーを中心としたアジアにおける自動車産業の拠点というイメージが強いが、もともと「微笑みの国」と言われるようにタイの観光・ホスピタリティ関連産業には定評があった。1990年代以降、一時期バックパッカーの聖地となった安宿が集積するバンコクカオサン通りは、ブーム時ほどではないが現在も健在である。そうしたバックパッカーたちの実態を描いたレオナルド・ディカプリオ主演「アイランド」(2000年公開)は、映画に登場したマヤ湾に多くの外国人観光客が押し寄せたために、当局が季節的にマヤ湾を閉鎖する措置まで招くきっかけとなった。

現在ではホテル料金も随分と上がってしまったが、それでもタイのホテルは比較的安く泊まれるということで外国人観光客にとってはありがたい存在だった。他方で外資系高級ホテルの進出と増加する観光客によって、ホテルチャージの上昇はさけられないものとなっている。そんな中で古くからホテルチェーンとして中東、中国などで海外事業展開をしているローカル資本によるホテルグループもあり、ホテルの敷地内にホテル専門学校が併設されているところもある。それはタイ人ならば誰もが知るデュシットインターナショナル（Dusit International）である。

１９４９年にタンプイン・チャナット・ピヤウイ女史によって設立されたデュシット（タイ語で楽園を意味する）は、リゾートホテルを含めて現在では国内外合わせて20以上のホテルを運営している。タイでツーリズム産業が成長するのは１９８０年代が起点で、デュシットはこれに合わせてチェンマイやパタヤなど主要都市に次々とホテルをオープンさせていった。国外ではフィリピン、ＵＡＥ、中国、グァム、モルディブなどに進出しており、２００８年にはマニラの日航ホテルを買収、２０２０年には京都にも進出を予定している。

この他にもアナンタラ、アマリやセンタラというようにリゾートホテルチェーンを含むタイ資本のホテルグループは少なくない。東南アジアには観光リゾート資源が豊富なため、外資系だけでなく地場資本の事業展開も活発である。タイ以外にホテル観光先進国と言えるのがシンガポールである。ホテル・プロパティーズ・グループ、ホンリョングループ、ファーイーストグループなどが代表的なものである。２０１４年に銀座にオープンしたミレニアム三井ガーデンホテルは、ホンリョンと三井不動産が提携したものである。ファーイーストは、マーライオン近くに聳え立つランドマークの一つフラートンホテルを運営している。海外でも広くホテルを所有・運営しているのが特徴だと言える。

韓国のロッテグループも先駆的にホテルの海外事業展開を行い、モスクワ、ホーチミン、東京（錦糸町）などに進出している。ただし、この場合すべてロッテホテルのブランドである。経営形態は日本で典型的となっている所有直営方式（例えば帝国ホテルなど）である。これ以外に日本では所有者から土地や建物を借りて、ホテル会社がすべての運営を担うリース方式も普及している。他方、シンガポールのホテル・プロパティーズはヒルトン、フォーシーズンズなど世界的なホテルブランドを傘下に収めている。これはマネジメント・コントラクト方式と呼ばれる経営形態を採用しているためで、ホテルの所有者と経営者が、運営のすべてをホテル会社に委託する方式である。この方式ではコンビニのようなフランチャイズシステムが採用されていることが多い。

世界的にはコントラクト方式が現在ではホテル経営の主流で、それはラグジュアリブランドを有するホテル運営会社にとっては短期間にホテルを世界的にチェーン化できるメリットがあり、オーナー側も最初から外資のブランドを利用できるというメリットがある。東南アジアの地場資本のホテルグループが成長してきた理由の一端にはこうした方式を採用していることも関係している。ただし、一方ではこれら地場資本は、リゾートホテルチェーンの展開によって独自のブランド力も身に着けていることを忘れるべきではなかろう。

例えばインドネシアのアマンリゾーツは、東南アジア、欧米、中国など世界20カ国以上に30を超えるリゾートホテルを所有・運営している。日本ではその名前は広く知られていなかったが、2014年東京大手町にアマン東京がオープンすると、富裕層を中心に話題となることが多くなった。東京を中心にリッツカールトンやペニンシュラなど外資系や日本勢の星野リゾートの進出によって、ラグジュアリホテルの領域での競争が激化しつつある。とりわけアマンのホテル料金は、スイートやデラックスタイプの部屋のみなので他のラグジュアリホテルと比較してもやや高めに設定してある。

アマンリゾーツはインドネシア人のエイドリアン・ゼッカ（Adrian Zecha 1933年～）によって1987年に創業、翌年タイのプーケットに第1号のアマンプリをオープンし、その後アジアを中心としたリゾートに次々と進出し、富裕層やセレブリティの顧客を魅了してきた。リゾート地ではなく、わざわざ都心のオフィス街に進出したのは、リゾートホテル経営で培った贅を尽くしたホスピタリティを富裕顧客層に提供できるだけの自信があるのだろう。

創業者エイドリアン・ゼッカはすでにリゾートホテルのパイオニアとしてその名前が歴史に刻まれており、いわゆるビラタイプのホテルでプールと海を一体化した、今では定番となったインフィニティエッジプールもアマンリゾーツから始まったと言われている。日本に滞在経験のあるゼッカは日本的コンセプトも取り入れ、建築様式はスリランカの数々の有名リ

2014年に開業したアマン東京，大手町タワー（筆者撮影）

ゾートホテルを設計したジェフリー・バワの影響を受けているとも言われている。

ゼッカはオランダ人の父とインドネシア人の母との間に生まれたいわゆるハーフである。1970年代にリージェント香港で経営幹部としての修練を積み、その後リージェントインターナショナルの共同創業者となった。この頃からゼッカは旧来のファイブスター、ラグジュアリホテルとは異なるタイプのホテル経営に思いをはせるようになっていった。プーケットからはじまった彼の夢の実現は、世界のリゾート地とホテル業界でゼッカとアマンの名声を不動のものにした。1997年のアジア通貨危機の際に経営不振に陥り、一時的に不動産ファンドに経営権が移り、ゼッカは会長の座を追われたが、2000年には別のファンドの支援を得て再び会長に復帰した。(4)

日本の星野リゾートもそうだが、インバウンドによって中国人の富裕顧客層を得たことはさらにアマンリゾーツの世界展開に拍車をかけることとなった。そしてアジア地域におけるツーリズムの拡大と成長は小売りやリゾート、ラグジュアリホテルからエコノミーホテルなどにとどまるだけのものではない。次に見る医療ツーリズムもそうした恩恵を受けてきた業界の一つであろう。

3. 医療ツーリズムの先発者たち

医療機関が外国人を受け入れる場合、通訳やホテル並みのコンシェルジュサービスなどを提供し余分の人材を抱える必要があるが、医療機関側にとっては医療費の高い患者の数が増えればメリットは大きい。例えば韓国では、中国などからの診療と人間ドックの受診者も含めたツーリスト患者の獲得に熱心な医療機関は少なくない。また韓国は美容整形でも名高いため、こちらの外国人顧客も少なくない。

現在アジアにおいて医療ツーリズムが産業・事業として成立している国は、シンガポール、タイ、フィリピン、マレーシア、インド、台湾、韓国などである。日本の場合も2010年代前半から医療ツーリズムを提唱する研究論文やレポートなどが目立つようになったが、この面では明らかに遅れをとっているのが現状である。一見すればわかるように、医療ツーリズムで先進的な国は欧米先進国ではなく中進国か新興国である。このことから医療ツーリズムがビジネスとして成立している要件が、患者・顧客から見たコストに違いないことは容易に想像できよう。とすれば需要側の外国人の患者・顧客は、医療費の高い先進諸国から来ていることになる。

医療費が高い米国では、健康保険に未加入な人々も多く、盲腸の手術で数百万円の請求が来たという話も珍しくない。歯科医に行くのも料金を気にしなければならず、隣国メキシコの病院に出かけ入院するというケースもむしろ当たり前になっている。この場合、コスト面で需給関係のビジネスが成立していることになるが、実は成立要件はこれだけではない。患者にとってはコスト以外にも医療設備、医療技術、言語、そして地理的に近いだけでなく、手術までの待機時間も含むアクセスも主要な成立要件となっている⑸。

アジアで主要な医療ツーリズムが産業として成立している国では、コスト、最新の医療設備、各国言語への対応、医療技術水準の高さなどの総合的な成立要件が満たされており、米国の医療コストを100とすると概ね20~80といったところである。特にコスト面ではインド、タイ、フィリピン、マレーシアなどが優位性を持っている。こうしたコスト面の優位性は各医療機関がサイト上で公開しており、例えばインドだと難易度の高い心臓バイパス手術や関連手術では、米国の1~6という具合である。旅費・滞在費を加えてもコストパフォーマンスは高く、LCCなどの格安航空の普及も医療ツーリズムにとって追い風となっている。

また国によって外国人患者の行き先も異なっており、例えばマレーシアにはインドネシアから、タイにはUAE、中東諸国からといった具合である。ここでは医療ツーリズムで最も成功を収めているタイのケースを見てみよう。タイの医療ツーリズムと言えば、真っ先に思い浮かぶのがバンコク中央病院など約45の病院を束ねるバンコク・ドゥシット・メディカル・サービシーズ（BDMS）であろう。その事業規模は同じく東南アジアで最大級の規模を誇るIHHヘルス（マレーシア）を上回っている。

2018年夏、タイの株式市場ではBDMSグループの株価が高騰し、遂に130億ドルの時価総額に達したことが大きな話題になっていた。株価上昇の背景には、長期的にはかつて人口ボーナスを享受していたタイも今後は高齢化が進むこと、短期的にはさらにインバウンド、医療ツーリストが増加するであろうという2つの思惑があったようだが、それよりも日本的な感覚では病院が株式会社として上場しているなど想像できにくいのではなかろうか。

タイにおいて入院施設のある病院の中で民間病院が占める割合は約25％ほどであるが、タイに限らずシンガポールやマレーシアの民間病院は株式会社として運営されている。すでにタイの受け入れ外国人患者数は、約200万人規模にも達していると言われている。

創業者プラサート・プラサートトーンオーソットによって、1972年に開業したBDMS

グループは医療機関だけでなく、航空会社バンコクエアウェイズも傘下に置く財閥・コングロマリットである。BDMSをはじめとしたタイおよびマレーシアの医療機関グループは、最新設備や豪華ホテル並みの施設を備え、日本人の患者に対しては専用窓口も設けていることが多い。中東からの患者も多いため、BDMSではアラブ人専用病棟を設けている。先の時価総額がピークをつけた後、BDMSは、2019年に創業者とファミリーがバンコクエアウェイズの株式の不正取引を行ったことで、創業者がCEOを辞任している。この時BDMSとバンコクエアウェイズの株式は大きく下落した。

タイに限らず表5−1は一部の代表的な病院チェーンにすぎないが、インドのアポロホスピタルズのように、心臓関係の外科手術などで成功率の高さを強調し、外国人患者にアピールするケースも多い。外国人および国内の富裕層はこうした技術水準の高い医療を受けられるが、低所得者層は必然的にはじき出されてしまい、国内的には医師と技術の偏在を生んでいることも忘れてはなるまい。

表5－1　Ⓐタイ，アジアの大手病院チェーン

グループ名	病院数	備　　考
BDMSグループ	45	バンコク中央病院，サミティベート病院，パヤタイ病院，パオロ病院，ロイヤルバンコク病院（カンボジア），BNH病院など
トンブリ・ヘルスケア・グループ	15	トンブリ病院（バンコク）に加え，地方の病院を展開．中国，ミャンマーにも進出
バンコク・チェーン・ホスピタル・グループ	13	カセムラード病院，ワールドメディカル病院，カルンヴェート病院など，バンコク首都圏中心
バンコクホスピタル・グループ	6	パンパコック病院，ピヤウェート病院など，バンコク首都圏中心

Ⓑアジアにおける代表的な大手病院

ウリドゥル病院	韓国，ソウル	脊椎専門として1982年開業，脊椎疾患治療では世界最高水準を誇る．国内10病院，インドネシア（ジャカルタ），UAE（ドバイ），トルコ（イスタンブール）に病院を開設している．
グレンイーグルス病院	シンガポール	アジア最大級のパークウェイ病院グループが運営．シンガポール，マレーシア11，ブルネイ，インド，中国で病院を運営
プリンスコート医療センター	マレーシア，クアラルンプール	親会社は石油会社のペトロナス
IHHヘルスケア	マレーシア	アジア最大級の民間医療機関，シンガポール，マレーシア証券取引所に上場，シンガポール，ブルネイ，中国，インド，トルコなどで病院を運営，三井物産も出資
KPJヘルスケア	マレーシア	マレーシアではIHHヘルスケアに次ぐ規模，インドネシア，オーストラリア，タイ，バングラデシュなどで病院を運営，双日も出資
アポロホスピタルズ	インド	BSE，NSE上場，プラトハップ・C・レディが1983年に開業，病院チェーンだけでなく3,000店舗以上の薬局網も擁している．
フォーティス・ヘルスケア	インド	インド以外にも10カ国で病院を運営

出所：JETRO［2018］p.22.

【注】

（1）キングパワーのホームページと各種報道などを参考とした。

（2）いわゆる中国人観光客の代理購買により、日本の量販店や小売りは恩恵を受けてきたが、２０１９年１月に中国政府は新ＥＣ法によって、代理購買に規制を設けたため、代理購買分の減少によって中国人観光客の購買動向はこの年を契機に大きく変化している。

（3）デュシットインターナショナル、およびタイのホテル事情については各ホテルのホームページ、土橋［２０１０］を参考にした。

（4）ゼッカについては、山口［２０１３］、ホテリスタを参照。

（5）このあたりの事情については、辻本［２０１１］、重松［２０１１］を参照。

参考文献

ＪＥＴＲＯ［２０１８］『HEALTHY LIFESTYLE バンコク版』。

重松 伸司［２０１１］「アジアにおけるメディカル・ツーリズム：「国際移動」の新動態、医療観光の現状と課題」追手門学院大学37。

土橋 告［２０１０］「タイランド最新ホテル事情　第7回　タイのブランドホテル」D-MARK MAGAZINE 2010-10。

辻本 千春［２０１１］「メディカル・ツーリズムの成立条件とその効果に関する考察：タイにおけるメディカル・ツーリズム勃興の要素論」日本観光研究学会『観光研究』23（1）。

山口 由美［２０１３］「アマン伝説　創業者エイドリアン・ゼッカとリゾート革命」文藝春秋。

ウェブサイト

ホテリスタ「資料編　世界の有名ホテルチェーンストーリー　Chapter 5　アマンリゾーツ」https://hotelista.jp/column/hotel-story/chapter5.html　２０１９．12．１閲覧。

Anuchit Ngyuyen and Lee J. Miller [2018] Medical Tourism, Aging Thais Create $13 Billion Hospital Empire, Bllomberg. https://www.bloomberg.com/news/articles/2018-08-28/medical-tourism-aging-thais-create-13-billion-hospital-empire　２０１９．12．１閲覧。

第6章

飲食市場としてのアジアとアントレプレナーズ

1．世界一の胃袋

世界で一番店舗数の多いラーメン店をご存知だろうか？　これはかつて某TV局のクイズ番組に出題された問題だったと記憶している。さすがにそのラーメン店の名称を知っている出演者はいなかった。「一風堂」「一蘭」と答える人もいるかもしれない。店舗数が多いから有名チェーン店に違いないと。確かにチェーン店であることには間違いないが、九州を除くとその名前にはなじみがない場合が多いであろう。そのチェーン店の名前は、熊本に本部を持つ味千《あじせん》ラーメンである。言うまでもなく豚骨スープをベースとしたラーメンである。

豚骨ラーメンと言えば外国人に最も好まれる種類のラーメンだが、少なくとも世界の主要都市で味千の店舗を見かけたという人はほとんどいないはずである。それもそのはずである。味千は、中国でナンバーワンの店舗数を持つラーメン店なのである。13億人という世界一大きな胃袋を制することは、同時に世界ナンバーワンになることを意味している。だから中国旅行のリピーターや駐在員の中には、あの女の子のマスコットキャラを看板にした店かと、逆に相槌を打つ人もいるだろう。

巨大な中国市場を制する者が世界ナンバーワンになるということは、もはや自明の理なのである。自動車、家電製品だけでなく、日本のせんべい一つとってもそうである。せんべいを制したのは残念ながら日本の企業ではなく、台湾系の旺旺（ワンワン）グループである。最もポピュラーな製品は日本の岩塚製菓（新潟）の「味しらべ」をベースにした製品である。その岩塚から技術指導を受け提携したのが旺旺グループの創業者蔡衍明（ツァイ・ホンミン）だった。1980年代の半ば、訪日して一口食べてみた岩塚の製品に魅了された蔡は、この新潟の中堅米菓メーカーと提携しソフト味のせんべいを台湾市場に広め、その後、中国市場でも大成功を収めた。

蔡の会社は1980年代半ばには台湾の一中小企業にすぎなかったが、現在は上海に本部を持ち、旺旺グループはメディアや金融事業なども取り込んだ中国有数のコングロマリットの一つとなっている[1]。言うまでもなく、蔡は台湾を代表する有数の富豪でもある。米菓という一つの製品でも中国市場でシェア1位を取れば、世界的にも非常に規模の大きいコングロマリットとなるのである。

同じくインスタントラーメンで世界一のシェアはどの会社か、おわかりになるだろうか。わたしたちは、この分野でイノベーションを起こした安藤百福を創業者とする日清食品に違いないと思うだろう。事実、アジアを含めカップヌードルは世界中で食べられているグローバル食品ではないかと。しかし中国市場を制したのは日清食品ではなく、これも台湾系の頂新グループ傘下の康師傅（カンシーフー）である。インスタントラーメンについては台湾も含め日中では味の好みが違うため、唯一、台湾・香港で人気のある日清の「出前一丁」を除けば、日本ブランドはほとんど知られていない。

上述の例では台湾系の企業が中国で成功を収めているが、人口規模を考慮すれば、業種にもよるが、一つの省だけでも1億人規模に達するわけだから、地方市場だけでトップシェアをとれば十分な規模の企業となる。この人口規模に1人当たりのＧＤＰと所得の上昇が重なるのが中国市場の姿である。高齢化の進行などの不安要因があるものの、こうした背景があるため起業も盛んで、その分、競争も激しいことになる。これは同じ条件を備えている新興国に共通した事象でもある。

話を先の世界一のラーメンチェーン店に戻そう。台湾出身で、後に帰化した重光 孝治が１９７2年に創業した重光産業が世界一のチェーン店の発祥となった。ただし、２０１９年初頭においても熊本を中心に日本全国では76店舗にすぎない。これに対して海外、特に中国では７００店舗以上に達し、中国では広範に店舗網が広がっている[2]。

中国事業の運営には重光産業が携わっているわけではなく、香港の女性実業家の潘 慰（パンウェイ）が総裁（ＣＥＯ）を務める味千（中国）控股有限公司がこれを担っており、いわばライセンス契約で成功を収めた事例であり、旺旺グループのケースと似ている。１９８０年～90年代は、アジア市場ではこのように日本の製品やサービスがアジアに導入され根付くことが多かった。先行した製品やサービスをアジアなどの後発市場に導入することをタイムマシン経営と言い、コンビニや宅配便などはその例である。米国の外食フランチャイズもこれに当てはまる。

生産工場を建設した後、１９９６年に潘が香港に出店するとたちまち人気の店となった。店舗網は香港以外の中国に広がり、店ではラーメンだけでなく広く日本料理もメニューに加えて、当時の中国人の舌をとらえた。当時の状況から、日本側の外食チェーンが単独出資するには認可の問題や現地市場への適応力などが必要とされ壁が高かったが、現在では他のラーメンチェーン店やサイゼリアなども単独出資で中国に進出している。

本家の重光産業も近年、単独で中国以外の海外市場に店舗を出しており、イタリアの空港では欧州の人たちに人気となっている。今では街中だけでなく、海外の空港でも当たり前のようにラーメンショップを見かけるようになったが、これも当たり前のようだが、中国で見かけるラーメン店、寿司屋、和食店などがすべて日本法人・日本人による経営というわけではない。この点については中国以外の海外市場も同様である。インドのニューデリー市内の日本食レストランに入っても、まず日本人のシェフや経営者はいない。大抵は中国人か韓国人なのだが、一般のインド人には区別がつかない。日本でもインド料理・カレー店は十中八九、ネパール人の経営者・シェフによって経営されている。日本の中華・中国料理店が同様に日本人によって経営されていることも多いため、こうしたことは笑い話ではなく、むしろ世界的には普通のことなのであろう。

したがって和食をめぐる中国市場での競争構造はかなり複雑なものとなっている。例えば鉄板焼き、ラーメン、寿司など中国の主要都市を中心に約３００店舗を展開する大漁グループの創業者・トップは、１９９０年代に上海の日系ホテルで日本料理を学んだ丁家順である。またラーメンの大手チェーン店「永和大王」は、後述するハンバーガーチェーンで有名なフィリピンのジョリビーフーズがオーナーである。

和食系以外の外食産業はさらに米国勢のマクドナルド、ＫＦＣなどが多店舗展開しており、他の外国勢を圧倒している。他方で中国勢が自国市場での成功の後、海外で勢力を伸ばす事例も散見されるようになっている。台湾系ならば古くは１９５８年創業の小籠包などで有名な鼎泰豊（ティンタイホン）があるが、中国で大規模なチェーン店となって近年、日本にも進出した海底撈（ハイディラオ）は、１９９４年に創業した世界に３００店舗を持つ世界一の火鍋チェーンである。

ハイアール、ＺＴＥ、ファーウェイなどの中国の多国籍企業同様、外食企業も中国市場で巨大化した後、タイムマシン経営を展開するチェーン店がさらに増えていくに違いなかろう。こうした中国発の「食」だけでなく、世界中に存在する中国料理店はチェーン店か個人経営かを問わず世界中に分布しており、「食」に欠かせないビールも中国は生産・消費で世界一であることは言うまでもない。国内シェア1位は日本でもなじみのある青島ビールではなく華潤ビールで、同社の雪花ビールは世界一売れているブランドである。

世界一の胃袋中国発の外食企業と既存の中国レストランは、こうしたビールなどの付随的な需要も拡大していくプラットフォーム的な役割を果たしている。その意味では、中国料理は世界の胃袋を満たすうえで欠くことのできない存在なのかもしれない。

2. ハンバーガーとアジア

「Founder」(2017年公開米国映画)という映画がある。創業者を意味するこの映画タイトルは、今日のマクドナルド帝国がどのようにして築かれたのか、その最初の一歩から描いている。マクドナルドはスコットランド系のマクドナルド兄弟がカリフォルニア州で開いたレストランで1940年から開業していたが、戦後、ハンバーガーを工場式に製造しスピードとセルフサービスを売りにして評判が高まっていた。1954年のある日、ミルクシェイク用のミキサーを売るセールスマン、レイ・クロック(1902−1984)がマクドナルド兄弟の店を訪れた。

レイは彼らの店のシステムと回転率の高さに感心し、この店のシステムそのものを販売するフランチャイズ方式を兄弟に提案することで共同事業がスタートした。１９６０年代に入るとマクドナルド兄弟は事業をレイに譲渡し、このことを機にレイはさらに事業を拡張していくことになる。米国では成功した事業を売却して早めに引退するというのも一つのアメリカンドリームだが、周知のごとくサクセスストーリーはこの後も続き、レイは巨大なアメリカンドリームを実現させていくことになる。

レイがイノベーターとして優れていたのは、店の中のシステムを当時まだ新しかったフランチャイズシステムを用いて事業拡大しようとしたことである。フランチャイズシステムについては多くの説明を必要としないだろうが、本部（フランチャイザー）が加盟店（フランチャイジー）を募って、指導、中間財・商品供給などを一括提供し、本部の管理の下で加盟店は売上高などに応じて本部にロイヤリティを支払う。また指導料なども発生するが契約内容は各社で異なっている。外食やコンビニなどがフランチャイズシステムの代表的なものである。

米国の１９５０年代に確立されたマックに代表されるファストフードは、１９２０年代のフォードに見られるようなオートメーションと分業システムを外食産業に持ち込んだものだった。顧客にとって待ち時間がほとんどないスピーディなハンバーガーの受け渡しは、既存のレストランとはまったく異なるものであった。米国にはダイナーに代表されるような大衆食堂のようなものもあるが、基本的にレストラン、特に予約を必要とするタイプはチップを含めればどうしても高くなってしまうのが常だった。

ケンタッキーフライドチキン同様、このフランチャイズというシステムは世界に「マック帝国」を築き上げる原動力となった。今では珍しくもないシステムだが、先に見た味千ラーメンもフランチャイズ方式があったからこそ中国全土に店舗展開できたと言える。ハンバーガーチェーン自体、多くの模倣者・フォロワーを生み出した。米国だけでもバーガーキングをはじめ多くのチェーン店が林立している。この点は米国以外の国においても大なり小なり事情は同じである。

しかし、各国ともフォロワーは多くとも「マック帝国」の牙城を崩すことには成功していない。日本ではモスバーガー、韓国ではロッテリアのようなフォロワーを店舗数では大きく引き離している。アジア各国はどこも同じ状況なのである。ところが異なる状況にある国もある。それはフィリピンである。ここではハンバーガーチェーンと言えば、マックではなくジョリビーフーズなのである。

ジョリビーフーズはフィリピンの最大手ファストフードで、国内店舗数は1、000店舗におよび、マックの約2倍となっている。創業者はトニー・タン・カクチョン会長で、父親の代で福建省からフィリピンに渡った移民の子である。タンが1975年にマニラ首都圏ケソン市に出した最初の店はアイスクリーム店だった。1978年からハンバーガーのチェーン展開を開始した。

国内は約1、000店舗の規模だが、注目されるのは海外店舗の数である。ベトナムを筆頭に米国、ブルネイ、サウジアラビア、UAE、カタール、シンガポール、香港などに約200店舗出店している。残念ながら日本では見かけることはないが、これら出店先の国々はフィリピン人の主な出稼ぎ先と重なっている。米国、中東はとりわけフィリピン人の出稼ぎ労働者が多い国で、男子は建設などの単純労働、女子は家政婦（メイド）である。その数はフィリピン全体の人口の約1割、1、000万人に達する。

第7章で詳しく触れるが、フィリピンには出稼ぎ労働者を支援・保護する海外雇用庁なるものが設けられており、国際収支面での赤字を労働者送金が補塡するという構造が伝統的に形成されてきた。それゆえ出稼ぎ労働者層の保護は政治家にとって最重要課題の一つであり、国民経済にとっても欠かせないものなのである。一般的には経済発展し国内雇用率が上昇すれば、出稼ぎ労働者は減っていくはずだが、フィリピンの場合、メイド労働に示されるように構造的に組み込まれたものとなっており、同じASEANのインドネシアでも似たような状況が形成されている。

こうした出稼ぎ労働は貧困国の象徴と思われがちだが、実際には出稼ぎ所得によって国内消費が押し上げられGDP成長率の上昇に寄与することになる。最終的に住宅の購入にまでつながるとすれば、また出稼ぎによる所得収入が国内賃金・所得より高いため、その経済的効果は計り知れない。内外でフィリピン料理のレストランを見かける機会は少ないが、ジョリビーの店舗は遠い異国の地で働くフィリピン出稼ぎ労働者にとって、数少ない母国のカジュアルな味を提供できるレストランとなっている。

ジョリビーの人気メニューは、意外なことにハンバーガーではなくパスタとチキンのセットである。ジョリビー自体の店舗も海外進出しているが、先に触れたように2000年代に中国の牛肉めんの「永和大王」に出資し子会社にすると、M&Aを中心にしてチェーンの多様化を図ってきた。中国では中華料理、ベトナムではコーヒーショップ「ハイランド・コーヒー」、ベトナムめんの「フォー24」などである。(3) ベトナムでフォーのチェーン店、またはベトナムコーヒーを楽しむために入った店がフィリピン資本によるものだと気づかない場合も多いであろう。

外食産業においては、ASEAN先発国で成長発展したアジア発の飲食チェーン店が後発ASEAN諸国、中国、米国などに進出するケースが続いており、料理のジャンルも幅広く、ファストフード、中華だけでなく、先に見たようにラーメンや日本食なども自らのチェーン展開に組み込み、必要があればM&Aを実施し海外進出にも貪欲な姿が浮かび上がってく

表6－1　代表的なアジアの外食とカフェ

外食，カフェ	主な提供メニュー	概要と進出先
鼎泰豊（ディンタイフォン） 台湾	小籠包	1958年創業，1993年ニューヨークタイムズで世界10大レストランに選出された．日本，中国，米国，オーストラリア，香港，韓国，アラブ首長国連邦，英国，東南アジアなど．
85° C ベーカリーカフェ 台湾	コーヒー，パンなど	2003年創業，親会社はグルメマスター，台湾証取所上場，中国，米国，オーストラリア，香港
海底撈（ハイディラオ） 中国	火鍋	1994年創業，香港証取所上場，日本，米国，韓国，シンガポール
味千拉麵（アジセン　ラーメン） 香港	豚骨ラーメンなど	台湾から帰化した重光 孝治が1972年に熊本にて創業（重光産業），1996年潘 慰がライセンスを取得し香港に出店，潘 慰の味千（中国）控股有限公司が2007年に香港証取所上場 中国以外では重光産業がシンガポール，タイに進出
ブレッドトーク シンガポール	コーヒー，パンなど	2000年創業，シンガポール証取所上場，マレーシア，タイ，インドネシア，ベトナム，フィリピン，香港，中国，インド，スリランカ，中東など
キングコーヒー ベトナム	ベトナム式コーヒーなど	1996年創業，親会社はチュングエン・インターナショナル（Trung Nguyen International），インスタントコーヒーのG7ブランドで有名，海外展開はコーヒーの輸出が中心だったが，2019年に傘下のキングコーヒーが韓国ソウルに出店した．

出所：各社 HP．各種報道より筆者作成．

る。ミャンマーのヤンゴンには、経営者の国籍不明のラーメン店が林立しているのが現状である。

日系外食チェーン店を広く受け入れているタイにおいてもカレーハウスCoCo壱番屋や定食の大戸屋などは人気があるが、街中でよく見かけるのは「オイシ」の店舗であろう。名称からして日系資本によるものと思われがちだが、オイシグループはタイの財閥で飲料事業を中核としたTCCグループ傘下にあり、ラーメンや和食を取り込んだタイ最大の日本食チェーン店である。タイでは大戸屋やKFCにしても同じく財閥のセントラルグループと提携しており、現地資本は外資をうまく取り込んでいると言える。

3. カフェとアジア

世界中ほぼどこへ行っても見かける飲食関係の看板としては、ハンバーガーのマックと並んでコーヒーショップのスターバックスがある。コーヒーを飲みたいと思ったとき、このいわゆるスタバのおなじみの看板を見つけ安堵したことのある人は数えきれないであろう。コーヒーチェーンとしては世界一の店舗数を誇り、その数は3万店舗に迫っている。とりわけ中国での増加テンポは速く、その勢いは止まることを知らないようである。

ちなみに飲食チェーンの世界市場での店舗数ではマックが2位、スタバが3位、1位はサンドイッチのサブウェイである。サブウェイについては日本市場での苦戦や世界的にも店舗数の伸びに陰りが見えるため、世界一の店舗数といっても実感の湧かない消費者は多いかもしれない。1971年創業で米国シアトル発祥のスタバは最初、コーヒー焙煎の会社だった。コーヒーチェーン店としての創業は1987年で、かのハワード・シュルツが創業者たちからスタバを買収した後のことだった。それまでにないイタリアのエスプレッソを中心としたメニューは斬新で、米国中に店舗が立ち並ぶまでにそれほど時間を要しなかった。

1人当たりの消費量はまだ少ないものの、中国市場でのスタバの店舗数は2018年時点で3,300店舗以上に達し、スタバ自身もグローバル企業として世界市場では家庭用コーヒーでネスレと提携し、中国では康師傅との提携を進めて、コーヒー飲料・家庭用コーヒー市場に参入している[4]。中国市場でもスタバの地位は強固であることに変わりはないが、コーヒー、カフェの市場自体の成長余地は大きいため、後発の中国系フォロワーたちも注目されている。

その先頭に立っているのが創業者でCEOを務める銭 治亜が率いる、新興コーヒーチェーン「ラッキンコーヒー（瑞幸珈琲）」である。2018年1月に開業したにもかかわらず、わずか7カ月で660店舗以上を抱える大手コーヒーチェーンに成長したことからもその勢いは非常に強いことがわかる。オンラインでの注文・配達が特徴であることと、スタバの標準的なコーヒー価格より約1割安いのが売りとなっている。注目すべきことは、シンガポールの政府系ファンドＧＩＣなどからの投資を得て、その企業評価額はすでに2、000億円を突破しているということであろう。[5]

カフェの需要は歴史的には、ビジネスそのものが盛んなエリアに発生し増えていく傾向がある。ある意味、商談やさまざまな仕事をする「場」でもある。英国のカフェも由来はビジネスとしての「場」だった。17世紀のロンドンでは海事に関する保険ビジネスが急速に拡大し、ロイズ保険が誕生する。もともと1688年頃にエドワード・ロイドがコーヒー・ハウスを開き、保険業者たちがそうした店に集まり取引の場として利用したことに由来する。

スタバ発祥の地シアトルもボーイング（現在の本社はシカゴ）、マイクロソフト、アマゾン、コストコ、ノードストローム、エクスペディア（旅行オンラインサービス）など米国・世界を代表する企業の発祥地・拠点となってきた。また日本でもこれほどのスケールではないが、高度成長期に繊維産業で栄えた愛知県一宮市を中心に広がったモーニングサービスを提供する喫茶店が生まれ、名古屋、愛知県、岐阜県などに広がりを見せ、コメダなどに引き継がれていった事例もある。コメダも海外展開しており、スタイリッシュなスタバタイプとは異なった独自の差別化で成功してきた。[6]

中国市場が注目される前、日本市場は米国系のコーヒーチェーン店のターゲット市場だった。事実、スタバの場合、北米以外の海外での正式な第1号店は1996年の日本の銀座への出店だった。90年代後半は日本においてもこうした状況だったから、アジア市場へのスタバをはじめとした米国系コーヒーチェーンの展開はここ20年ほどのことで意外と新しいのである。これに対してコーヒーチェーンや喫茶店の数の多さでは先進的であった日本でさえも、米国系外資の受け入れ側（市場）に甘んじており、コメダでさえも2016年にはじめて海外（上海）に出店したにすぎなかった。

少なからず日本以外のアジアでは、国内での成功と同時に海外に進出しようという機運が強いカフェチェーンも現れている。世界で1,000店舗以上出店している台湾の85Cベーカリーカフェはその代表と言ってもよい。呉 政学が2004年に創業したコーヒーチェーン店だが、創業以来非常に速いスピードで台湾に浸透し、中国、米国、オーストラリア、香港に出店を果たしている。このカフェチェーンのイノベーティブなところはカフェとベーカリーを組み合わせたことにある。日本では珍しくなくなったが、当時の台湾ではまさに組み合わせの妙だったのである。これによって客は出来立てパンを選べ、スタバに比べてはるかに豊富なメニューを提供できる差別化を打ち出すことができたのである。

特筆すべきことは、その海外出店の早さである。創業から2年後の2006年にはオーストラリアのシドニーに海外1号店を、続いて香港、米国へと出店を続けていった。台湾市場

ブレッドトークの店舗（シンガポール）

出所：ホームページ https://www.breadtalk.com.sg/locations より．

の狭さもあるが、これほど海外出店がスピーディなアジア系資本のカフェは珍しいと言えよう。そしてその数の多さにも驚かされる。２０１７年までに国内４００店舗以外に中国５３０店舗以上、米国44店舗、オーストラリア８店舗というように海外店舗の数の方が多いことも特徴である。

ベーカリーとカフェを結合させた業態は日本ではよく見かけるため、それほど珍しいものでもない。この業態と海外展開で最も成功しているのは85Ｃベーカリーカフェとシンガポールのブレッドトークであろう（表６－１参照）。最初にアジア圏において日本のベーカリーが独自に発達を遂げ、その後２０００年代には韓国でもベーカリーがブームになった。この時、財閥系資本が盛んにベーカリーに進出したことで、中小ベーカリーの苦境を招いたため政府が財閥に対して進出規制を設けたほどだった。ベーカリーの浸透とベーカリーの提供するパンそのものの質が高いということが重なり、カフェと結びつくのはある意味、必然の進化だったと言えるのではなかろうか。

【注】

（1）蔡 衍明監修、辻中［2006］、および旺旺集団ホームページ、佐土井［2017］第4章澤田執筆「台湾の食品系コングロマリットと日本企業のアライアンス」参照。

（2）重光［2010］および味千ラーメン、日本・中国側ホームページ参照。

（3）ジョリビーについてはホームページ、フィリピン関連のネット報道などを参考とした。

（4）「スタバが中国での発展を加速　店舗数2倍に」人民網日本語版オンライン　2018．5．17。

（5）「中国カフェ戦争、スタバに挑む急成長の配達重視「中華珈琲」チェーン」Newsweek 日本版オンライン、2018．8．1。

（6）高度経済成長期の一宮市では、中小のいわゆる機屋《はたや》が機械の騒音で工場では商談や情報交換などができないため、喫茶店を利用したというのがこの地にカフェ文化が根差した起源だと言われている。また複数の知人が集まるには自宅が狭いため、喫茶店が応接間代わりに利用されてきたという側面もある。

参考文献

牛山 隆一［2018］『ASEANの多国籍企業　増大する国際プレゼンス』文眞堂。

蔡 衍明監修、辻中 俊樹［2006］『日本のものづくりが中国を制す　旺旺集団と岩塚製菓が挑む「世界品質」への道』PHP研究所。

佐土井 有里編［2017］『日本・台湾産業連携とイノベーション』創成社。

重光 克昭［2010］『中国で一番成功している日本の外食チェーンは熊本の小さなラーメン屋だって知ってま

すか?』ダイヤモンド社。

ウェブサイト

How a coffee startup in China is brewing up a Starbucks scuffle, TECHINASIA, 9 Aug 2018 (https://www.techinasia.com/welcome) ２０１９.２.17閲覧。

第7章
人の移動とアントレプレナーズ

1．移民と経済開発

近代以前から世界では多くの人々が移動を行ってきた。そうした人々の移動の結果が、今日の近代国家を形成していると言っても過言ではあるまい。近代以降のアジアに限定して見てみると、欧州列強がタイを除く現在の東南アジアの植民地宗主国になったことを契機に、大規模な人の移動が始まることになった。19世紀半ば頃から本格化したマレー半島におけるスズ鉱山とゴムプランテーションの開発と、これらに対する大規模な労働力需要が人々の移動を誘発したのである。

当時の現地人だけでは明らかに労働力は不足していた。そのため外部に不足している労働力を求めることになった。労働移動には受け入れ側のプルと送り出し側のプッシュが存在するが、この場合のプッシュは中国南部、特に福建省とインド南部、特にタミルナドゥー地方だった。労働者たちを送り出す制度とルートが形成されると、前者はスズ鉱山、後者はゴムプランテーションに向かった。

こうしたマレー半島を中心とした東南アジア地域の開発は、近代工業を確立するものではなく、モノカルチャー経済、植民地型開発の範ちゅうを超えるには至らなかった。しかしながら労働者の大規模な移動は、現地における急速な人口増と市場の拡大をもたらし、送り出し先からは就業機会を求めた労働者たちだけでなく、そこにビジネス機会を見出した商人たちの移動ももたらしたのである。そしてこうした移動は20世紀以降も続くことになった。

現地では生活必需品である食料や日用品などを商うだけでなく、労働者たちが故郷に仕送りするために、中国（華人）系の銭荘のような為替を取り扱う近代的な銀行の前身と言えるような金融機関も商人層によって営まれていた。マレーやインドネシア、そして独立国だったタイにおいても、特に中国系商人層は流通を掌握し、第二次大戦後、宗主国から独立を遂げたことで、こうした商人層が政府・軍部と結びつき政商となったり、外資との合弁・提携を通して自らの事業を拡大し財閥となっていったのである。

現在のシンガポール、マレーシアで華人系、インド系の人々を現地マレー系の人々以上に見かけるのは、この時代の移民が大きく影響している。タイにおいては11〜13％以上が中国系である。特に中国系の場合、現地名や現地の宗教に変え同化していることが多いため、外国人にとって現地系と華人系の区別はつきにくい。よく冗談で言われるように富裕な者、実業家であれば、華人系だというのも半ば真実を捉えている。

シンガポール、タイ、マレーシア、インドネシアの売上高上位の民間企業・企業グループはほとんどすべてが華人系によって創業されており、マレーシアやインドネシアでは現地系経営者は中小企業までの規模に限られることが多い。マレーシア政府もインドネシア政府も過去、プリブミ（インドネシア）やブミプトラ（マレーシア）のような現地人を起業家・経営者として優遇するさまざまな措置をとってきたが、華人系資本家の存在は彼らの前に今でも大きく立ちふさがっている。こうした経済構造は欧州列強による植民地開発によってもたらされたものであるが、直接的にはそうした開発によって大規模な労働力移動が進展したことにある。

以上の移動を近代以降の第一の移動とするならば、第二次大戦後の中華人民共和国誕生前後に起きた脱出（エクソダス）も、その後のアジア経済圏の発展に大きな影響を与えた。

ここでの移動はエクソダスもしくは現在で言えば大規模な難民の発生であった。現在の難民と異なるのは政治的情勢や紛争・戦争（国共内戦）に起因していることでは共通していたが、脱出した人々の少なくない割合が社会主義化を忌避して国民党とともに台湾へ逃れた資本家層だったことである。さらに脱出組の一部は香港へも向かった。

第二次大戦前の中国では綿紡績業や近代的銀行業の興隆など、上海を中心とした長江流域で軽工業を中心とした資本主義的な発展がすでに見られていたが、こうした初期の発展段階で蓄積された人材や技術、経営ノウハウなどが台湾と香港に流れてしまったのである。中国が閉鎖的な社会主義経済を進展させていく一方で、香港と台湾は1950年代から早くも輸出指向型の経済を確立し繁栄を謳歌することになる。英国統治下において制度・金融インフラに恵まれた香港では、ドライフラワーの輸出で成功した李 嘉誠に代表される財閥が形成され、台湾では活力のある輸出指向を持った中小企業が生まれ、こうした中から大企業や財閥が形成されるようになった。

1970年代末に改革開放政策に転じた中国への直接投資は、当初は先進諸国からではなく、台湾系企業による香港経由によるものと香港系企業による投資が牽引車的な役割を果たした。特に李 嘉誠の長江実業グループや、東南アジアからはタイのCPグループなどによる大陸投資は、在外華人系企業や先進国企業の投資の呼び水ともなった。そして香港自体も大陸投資へのゲートウェイの役割を果たし、中国をGDP二桁成長率の持続と「世界の工場」化に導く源となった。

このように中国の周囲に形成された華人系ネットワークと投資は、19世紀半ば以降のマレー半島、第二次大戦後の中国からのエクソダスの2つの人の移動に大きく関係していたわけだが、在外華人系以外でも、その後、アジア域内では新しい労働力需要と人の移動が定着し構造化していくことになる。1970年代のアラブ諸国へのオイルマネーの集中とインフラ建設に対する需要がそうであった。サウジ、UAEなどをはじめとした湾岸産油国への労働力移動は、国際収支が不安定で国内に十分な就業機会を見出せない途上国にとっては貧困からの脱出を目指す大きなルートになった。

この中東への出稼ぎ労働は、主なプッシュ側としてインド、特にタミルやケーララ地方、フィリピン、バングラデシュなどからの労働力移動を形成するに至った。最初の2つの大きな移動とは異なり、移民として定住するものではなく、プル側現地政府においてあくまでも出稼ぎ労働者として管理されており、職種も建設労働者、メイド、運転手などのサービス労働まで幅広い。中東以外にも世界にはプル側国は多く、アジアNIEs（香港、台湾、シンガポール、韓国）もプル側である。そして中国は現在プッシュ側であるとともにプル側でもある。

例えばフィリピンの在外労働者234万人の約57％は、サウジやUAEを中心とした中東諸国に分布しており、次いで香港、台湾などの東アジア諸国に19％、シンガポールなどの東南アジア諸国に9・5％となっている。これは2017年にフィリピン政府統計当局が公表している数字であり、実際には累積数で在外フィリピン人は約1千万人いるとされている。アジアNIEsでは経済成長と所得水準の上昇によって、国内での3K労働が忌避され、製造業、建設業、サービス業などで外国人労働者への依存度が増してきた。かつて韓国が1960年代に当時の西ドイツに看護士を派遣したり、1970～80年代にかけて現代建設グループが中心になって中東にインフラ建設のための労働者を送り出していたことを考えれば、隔世の感があると言ってもよかろう。

2. 構造化された出稼ぎ労働とグローバリゼーション

かつて労働者をプッシュしていた途上国も経済発展に伴い国内で雇用が増え、所得水準がプル側に近づけば、出稼ぎ労働というモチベーションは失われ、逆に周辺国から出稼ぎ労働を受け入れるプル側に転じることはすでに言及したとおりである。日本もかつては古くは国策としての満蒙開拓団、ハワイへの移民、戦後においてはブラジル移民などを経て今日に至っている。過去のプッシュ側のより顕著な例としては韓国やタイの例を挙げることができよう。

現地に定着した移民ではなく、出稼ぎ労働のケースでは送金がプッシュ側経済に大きな影響を与えることは改めて説明するまでもなかろう。すなわちRemittance（送金）のRはプッシュ国経済にとって重要な変数となっており、Rの増減は場合によっては当該国経済の運命を左右しかねないほど重要なのである(1)。

このため海外への出稼ぎ労働とプッシュ国の研究、例えばフィリピンのケースについては、海外出稼ぎ労働者の送金と国民経済、家計に関する研究が非常に多くなっている。表面的には貧困が出稼ぎの大きな要因になっているように見えるが、これらの研究はCarlos［2008］に代表されるように、出稼ぎ労働者を持つ本国世帯の消費総額（平均支出）を単に増やすだけでなく、社会的にも生産的支出に向かう傾向があるという。それらの世帯は総支出の大きな割合を教育、つまり、人的資源への投資に使っていることを示している。

送金は、労働者を送り出していない世帯に比較すれば、明らかに所得の増加を通じて消費に反映されることになる。後で述べるように、フィリピンの出稼ぎ労働者の職種のメインは、よく知られているようにメイドを中心とする女性のサービス労働である。この場合、二国間の取り決めによって賃金上限が低く設定されていることが多く、それがまたプル側の需要を増やしてきたという事情がある。

男子の工場や建設に関係した労働はプル側の景気変動の影響を受けやすいのに対して、メイドや看護士などのサービス労働は景気変動とは関係なく、比較的需要が安定しているという特徴がある。長期にわたってフィリピンはそうした需要に対応してきたため、出稼ぎ労働者の半数以上を女性が占めており、メイドだけで全体の4割を占めている。近年ではASEAN国内随一のGDP成長率6%超を達成しているにもかかわらず、出稼ぎ労働者数は減少に向かわず、多少の増減を繰り返しながらも高位安定化している。GDPの1割にも達する海外送金は、完全にフィリピン経済に組み込まれたものとなっている。図7−1はそのことを明確に示している。言い換えれば、出稼ぎ労働が国民経済の中で構造化されたセクターとなっているのである。

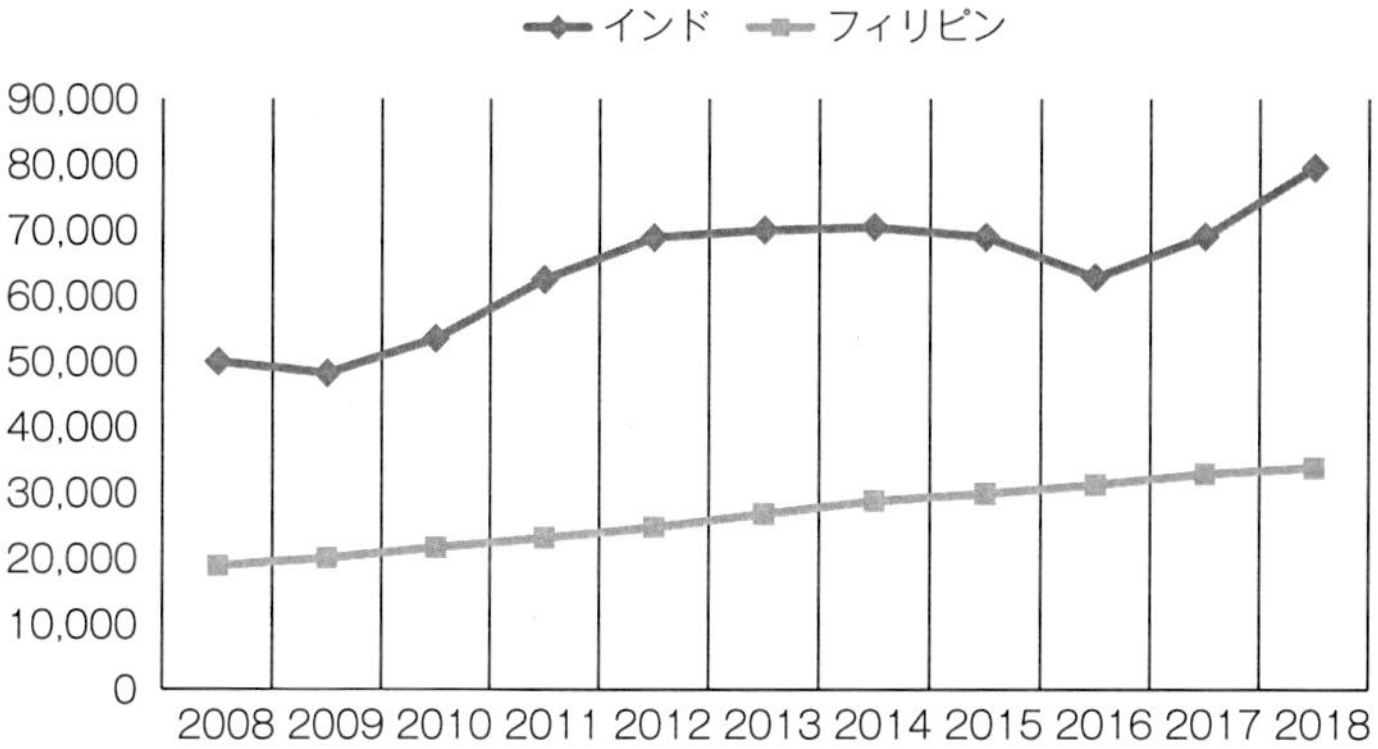

図7－1　インドとフィリピンの送金額の推移（受け取り）　100万ドル

出所：The World Bank Group Migration and Remittances Data より作成.

歴史と状況はやや異なるが、送金を通じて出稼ぎ労働が国民経済に組み込まれ構造化している点ではインドも同様である。国内の所得格差や雇用吸収力の弱さなどでは共通しているものの、インドの場合、海外労働については中東への出稼ぎ労働や米国などの先進諸国でのＩＴエンジニアなどのホワイトカラー労働の二層から成っており、送金には海外で成功した富裕層も含まれていることに注意する必要がある。

実際にフィリピンには、海外労働者に情報を提供し労働者の保護を行う省庁として海外雇用庁（Philippine Overseas Employment Administration）が設置されている。フィリピンの政治家にとって海外労働というセクターは、ナショナルインタレストとしても最優先事項となっている。そうしたことを象徴的に示す出来事が２００４年に起こった。各国は当時のイラクに派遣軍を送り、フィリピンも派遣軍を駐留させていた。武装テロ組織は各国の民間人を人質にとり、派遣軍の撤退を要求したが、各国はこれを拒否し多くの民間人が犠牲になっていたときである。フィリピンの出稼ぎ労働者が人質にとられたとき、フィリピン政府は要求に応じて速やかに派遣軍の撤退を決めている。

当時のアロヨ大統領は記者会見で「中東に100万人以上いる出稼ぎ労働者をはじめ、世界に800万人以上いるフィリピン人の幸福は重大な国益だ。アンヘロさん（人質の一人、引用者）の命を救うために前倒しの撤退を決めた。決断に悔いはない」と述べた。[2] 累積海外労働者数が人口の約1割に達している以上、海外雇用庁が勤務先の調査・審査を行い労働者たちの保護を図ることは政府の責務となっている。それではなぜ同じASEANの中でもタイのように、フィリピンは海外労働依存から脱却できないのだろうか。

一つにはメイドというサービス労働が中心になっており、この分野ではインドネシアなどの参入もあるが、需要が安定していることが大きいと思われる。これに加えてアジア域内では看護士・介護士の需要も、高齢社会を迎える台湾、韓国、日本、シンガポール、そして中国でもますます大きくなることが予想されている。

もう一つの理由は多くのブッシュ国に共通していることであるが、高い経済成長を示していても、これら新興諸国ではなお正規の就業機会が少ないことである。そして正規の就業部

表7－1　フィリピンとタイにおけるトヨタの生産実績

フィリピン/Toyota Motor Philippines Corp.（TMP）1989.2より稼働 製造車種　イノーバ，ヴィオス　6万2,000台
タイ/Toyota Motor Thailand Co., Ltd.（TMT）1964.2より稼働 製造車種　カローラ，カムリ，カムリハイブリッド，ヴィオスなど　52万4,000台

出所：2017年末実績，トヨタ開示資料，海外の生産拠点より．

門において、海外との間で賃金の格差が存在している以上、正規部門の労働者でさえも海外での就業を選択することになる。１９６０年代にノーベル経済学賞を受賞したLewis［1979］の二重経済モデルは、途上国内の伝統的部門（農業）からの労働力移動によって、工業などの近代的部門が低賃金労働力を利用して成長するメカニズムを説いたものである。しかし現実に世界経済を前提とするならば、国内の低賃金労働力はより高い海外諸国へ漏出してしまうことになる。

　国内の雇用吸収力が高く賃金水準が上がり続ける状況ならば、海外出稼ぎ労働は減少するはずであるが、そうならないのは雇用吸収力が弱く海外との賃金格差が依然として大きい場合である。雇用吸収力の弱さについては、日系自動車メーカーの工場における生産実績を比較してみれば一目瞭然である。東南アジアの乗用車市場は日系メーカーの独壇場となっているが、最もシェアの高いトヨタの現地生産実績をタイとフィリピンで比較すれば、表7－1のようになる。

　トヨタの乗用車生産だけとっても、タイとフィリピンの間には大きな格差が存在していることがわかる。しかも生産開始年においては約

25年の差がある。他の日系・外資系メーカーにおいても同様で、この期間において外資・ローカルの部品メーカーの増加はタイにおいて著しく、自動車産業のすそ野の拡大は雇用吸収をさらに増幅させ、東南アジア随一の自動車王国・自動車生産拠点となっているのである。自動車以外の製造業においても同様で、タイのような規模の雇用吸収力が海外出稼ぎ労働を減らすには必要であることを示唆している。しかもタイは周辺東南アジア諸国から労働力をプルする側にまわって久しい。

正規の就業部門の雇用が十分でないと国内ではインフォーマルセクター（都市雑業層）が拡大する傾向があり、同セクターの大きさがその国の雇用吸収力の弱さと貧困度を測る上での一つの尺度となる。同部門の大きな国は同時にプッシュ国でもあることが多い。他方でフィリピンのように海外労働が国民経済に構造的にビルトインされた場合、マクロ的に国際収支を補塡し、ミクロ的には送金を通じた家計消費や教育費にまわされる効果もあるが、高度な専門職労働と比較すれば、労働者1人当たりの賃金収入では限界も存在している。

賃金所得の向上を図るには看護士などのより専門性の高い職種へのシフトが必要であるが、資格面での障壁も高くなっているのが現状である。このようにグローバル経済に新興国・途上国の海外労働が構造的に組み込まれ、本国送金が増加することで、送金業務に関わるＩＴ革命、すなわちフィンテック技術の浸透は新しいビジネスの台頭も促している。

ついこの前のように、香港の銀行の前にフィリピンからメイドとして働きに来ている女性たちが列を作ることはおなじみの風景となっていた。同じ光景はシンガポールでも見かけられたが、そうした風景はすでに過去のものとなってしまった。銀行の前に列を作るのは本国への送金のためである。この送金については、海外で働く労働者にとって長年の頭痛の種が一つあった。それは長時間並ばなければならないだけでなく、海外送金の手数料が高いことだった。

銀行を通じた送金は手数料が送金額の10％を超えることも珍しくなく、しかも送り先に入金されるまでに数日かかるという不便さだった。日本から実際に国際送金をして不便さを痛感された方も少なくないであろう。このため闇送金業者が違法ビジネスをすることも珍しくなかったが、フィンテックやブロックチェーンという金融テクノロジーの進展もあって、近年では海外送金の手数料の引き下げやスマホを用いた電子マネーによる送金も普及しており、送金業務を行うベンチャー企業の参入もあって手数料は1％以下にまで低下している。

国際送金は2018年で約6，900億ドルに達し、フィリピンはインド、中国、メキシコに次いで大きな送金先となっている。6割強のフィリピン人は銀行口座を持っておらず、銀行的な役割を果たしているポーンショップと呼ばれる質屋（国内に1万8千超）と新興送金会社は連携しており、送金受け取りのネットワークを築いている。ロンドンを拠点とするユニコーンで最大手のトランスファーワイズからペイパル傘下のズーム、フィリピンのコインズ・ドット・ピーエイチ、ＳＣＩベンチャーズなども市場に参入しており、既存の銀行も含めて競争は激化している。[3] シンガポールでも２０１５年に事業を開始したInstaReMやM-DAQのようなスタートアップ企業が成長しており、ウェスタンユニオンのような旧来の送金専門の銀行は守勢に回った格好になっている。

3. 米国におけるアジア系起業家たち

ここでは最後に労働者という視角だけでなく、移民としてプル側の国に定住するようになり、アントレプレナー、経営者になったアジア系移民の事例も取り上げることにしたい。近年において欧米諸国では移民に対して厳しい視線が注がれるようになって久しいが、歴史的に見ても最大の移民受け入れ大国である米国は、移民によって形成された典型的な国家であることは間違いない。

アジア系、特に中国系、インド系などの起業家やＣＥＯは、近代史上最も移民を受け入れてきた米国において現在までどのような位置付けにあるのだろうか。この点については、イメージ的に米国本国でも実は過大視される傾向があるのは確かである。新世界米国へのアジア系移民も大量の労働力需要から始まった。鉄道開拓における中国系移民の存在は最もよく知られたものであろう。19世紀以降におけるアジア系移民の労働条件や待遇については、マレー半島のケースにおいても劣悪なものであって、米国の場合、南北戦争（1861―1865年）まで奴隷労働が合法化されていたために、アジア系移民の置かれた状況は想像に難くない。

レーシズム（人種差別）を経てなおアジア系移民たちは、周辺労働や零細自営業の枠内にとどまることが多かった。それらを表す端的な姿は過去の米国の映画やTVドラマの中に反映されており、アジア系の出演者は常に二線級として扱われた。1970年代以降カンフーブームもあってブルース・リーやジャッキー・チェンなどの主役級のスターが現れたが、こうしたジャンルを除くと相変わらずアジア系は、白人系米国人の視点からは好奇の目で見られる誇張や歪曲した姿でしかなかった。

米国のエリート大学から政府機関に至るまでアジア系移民の存在度が高まることで、映画やドラマにアジア系はすっかり定着したが、カリカチュアの対象としてはさほど変わっていないようである。「ティファニーで朝食を」（1961年公開）に登場する日系米国人ユニオシ（白人俳優）の醜悪な姿は、レーシズムと偏見に満ちた代表として今日にまで語り継がれている。こうした直接的な表現は今日では辛辣な批判を免れることはできないが、2014年にオンエアが開始され人気となったTVドラマ「シリコンバレー」も、スタートアップ企業のメンバーを描いているものの、シリコンバレーにすっかり定着しているインド系や中国系は、どちらかというと白人起業家たちにいじられる存在となっている。

今日ではシリコンバレーで働く人々のおよそ四分の一以上はアジア系だと言われている。なかでもインド系の存在が突出しているのは誰しも知るところであろう。確かにＩＴ系企業の幹部層におけるインド系のプレゼンスは高く、表７－２に見るようにＩＴ以外の企業においても多くの創業者、ＣＥＯを輩出している。１９９０年代以降ＩＴエンジニア不足に苦しんでいたシリコンバレーに定着したインド系は、「ＩＴ＝インド系」というブランドを築き上げ、多国籍企業にとってインド系は労働市場とＣＥＯ市場で引く手あまたとなっている。巨大市場インドへのアクセスの有利性もインド系ＣＥＯに対する需要を高める一つの要因となっている。

しかしながら、こうした一部のグローバル企業に見られるインド系ＣＥＯの活躍は、必ずしもアジア系全般の企業における実像を反映したものではない。ハーバードをはじめとした米国のエリート大学におけるアジア系学生の比率の高さはよく話題になるが、アジア系学生の比率は概ね20％くらいのところであろう。卒業後、有名企業に入社し専門職、中間管理職となるアジア系の比率も確かに高く、ＩＴ系などの企業によっては白人系専門職より多いことも珍しいことではない。

表7－2　米国著名企業のインド系CEO

・グーグル　CEO　2015年～ サンダー・ピチャイ（1972年生まれ，Sundar Pichai）タミル・ナドウ州出身 ・ペプシコ　会長兼CEO　2007～2018年 インドラ・ヌーイ（1955年生まれ，Indra Nooyi）タミル・ナドウ州出身 ・マスターカード　会長兼CEO　1997年～ エジェイ・バンガ（1960年生まれ，Ajaypal “Ajay” Singh Banga）プネ出身 ・マイクロソフト　会長兼CEO　2014年～ サティヤ・ナディラ（1967年生まれ，Satya Nadella）ハイデラバード出身 ・アドビシステムズ　会長兼CEO　2007年～ シャンタヌ ナラヤン（1962年生まれ，Shantanu Narayen）ハイデラバード出身 ・シティグループ　CEO　2007～2012年 ヴィクラム パンディット（1957年生まれ，Vikram S. Pandit）マハーラシュトラ州ナーグプル出身 ・スタンダード・アンド・プアーズ　社長　2007～2011年 デブン・シャルマ（1956年生まれ，Deven Sharma）ビハール州出身 ・モトローラ・モビリティ　CEO　2008～2012年 ※グーグルによる買収で退任 サンジェイ・ジャ（1963年生まれ，Sanjay Jha）ビハール州バーガルプル出身 ・サンディスク　共同創業者，会長兼CEO　2011～2016年　※ウエスタンデジタルによる買収で退任 サンジェイ・メロートラ（1958年生まれ，Sanjay Mehrotre）カーンプル出身 アマー・G・ボーズ（Amar Gopal Bose，1929～2013年）フィラデルフィア出身 音響機器メーカーBOSEの創業者

インド系以外の主な創業者・CEO

ウィンストン・チェン（陳文雄）台湾系　ソレクトロン（EMS）のオーナー経営者 スティーブ・チェン（陳士駿）　台湾系 YouTubeの共同創立者 ジェリー・ヤン　台湾系　Yahoo!の元最高経営責任者（CEO） チュン・P・チュ（邱俊邦）半導体のIDT，ファブレスのQSIを創業 アン・ワング　中国系　ワング・ラボラトリーズの創設者の1人 ジョード・カリム　バングラデシュ系　YouTubeの共同創立者

※ベンチャー企業を除く.

出所：各社開示資料などから筆者作成.

問題はガラスの天井ならぬ「竹の天井」がアジア系の前に立ちはだかっていることであろう。シリコンバレーでは経営トップ層に上り詰めるアジア系は非ＩＴ系の業種より多いかもしれないが、フォーチュン５００企業のアジア系ＣＥＯの比率は２％に満たないのが現実である。したがって、一部の例として取り上げられることの多いＣＥＯの多くは創業者である。専門経営者への道に天井が存在している限り、起業家を目指さざるをえないのである。依然としてアジア系移民の米国企業におけるプレゼンスは一般に思われているほど高くないのである。

米国企業の強みとされるダイバーシティマネジメントも、専門職・中間管理職レベルまでは浸透していても、経営トップのところまでは至っていないのである。またアジア系の創業者もスタートアップ企業は別にして、既存の大手企業について見ればインド系や台湾系を除けば少数派に過ぎないのである。

このように近年のインド系ＣＥＯや創業者の多さの陰に隠れて、アジア系移民の前に立ち塞がっている経営トップへの道の困難さも見えにくくなっている。中国系、インド系、韓国系とともに、比較的歴史の長い日系移民のケースを取り上げれば、より明確になろう。米国企業の創業者もしくはＣＥＯであなたは何人の日本人・日系人の名前を挙げることができるだろうか。残念ながらわたしは、ステーキチェーンBENIHANAで成功したロッキー青木

（青木 廣彰：1938－2008年）くらいしか思い浮かばないのである。

【注】

（1）1990－91年の湾岸危機はインドの労働者たちを中東から本国へ帰還させることになり、労働者送金の喪失がインドの国際収支危機につながるとともに、IMFなどから救済条件としての構造調整融資を受けるために経済自由化を推進せざるをえなくなった。この経緯については澤田［2003］参照のこと。

（2）「人質のフィリピン人解放、保護　アロヨ大統領が発表」朝日新聞デジタル、2004．7．20。

（3）「国際送金ビジネス　フィリピンで磨く」日本経済新聞、2019．6．27。

参考文献

澤田 貴之［2003］『インド経済と開発―開発体制の形成から変容まで』創成社。

――――［2004］『アジア経済論　移民・経済発展・政治経済像』創成社。

――――［2005］「国際労働移動の進展と労働者輸出国　フィリピンのケースを中心にして」愛知大学経済学会『経済論集』2005．11。

鈴木 有理佳［2017］「フィリピン女性の国際労働移動」児玉 由佳編『発展途上国の女性の国際労働移動』調査研究報告書アジア経済研究所（第2章）。

Carlos Maria Reinaruth D.［2008］「フィリピンにおける海外送金戦略と経済発展―その現状と課題」龍谷大学国際文化学会『国際文化研究』（12）。

Ducanes Geoffrey and Manolo Abella［2008］"Overseas Filipino Workers and their Impact on Household Poverty", *ILO Asian Regional Programme on Governance of Labor Migration Working Paper*, No.5.

Lewis,W.A.［1979］"The Dual Economy Revisited", *The Manchester School*, vol.47, no.3.（原田 三喜雄訳『国際経済秩序の進展』東洋経済新報社、1981年）

第8章

アジアの財閥はどこへ向かうのか

1. なぜ新興国では財閥は衰退しないのか

財閥というものは定義にもよるが、現在の世界においても広く見られるものである。米国資本主義の歴史にもモルガン、ロックフェラー、メロン、デュポン、日本でも三井、三菱、住友などがすぐに思い浮かぶであろう。ただし簡便な定義として財閥の特徴を「経営の一族支配と多角化」（森川［1980］既出第1章）とすれば、厳密な意味での財閥は先進諸国では企業経営の趨勢を占めているとは言えないのである。バーリーとミーンズがかつて示したように、株式会社や企業グループそのものが巨大化すると、株式の分散所有が進み、所有と経営の専門性・管理機能は分離する傾向がある（Berle & Means［1932］既出第1章）。米国ではこうした分離が1930年代以降すでに進展していたのである。いわゆる専門的経営者の台頭である。

ただし、企業全体を見た場合、米国を含め先進諸国で所有と経営の分離が、バーリー・ミーンズの研究以降、一直線に進展したわけではなかった。相当規模に達した企業でも非上場を維持し、あるいは上場していても同族による経営支配が続くケースは多い。これは分離が最も進展したと思われるアングロサクソン圏の米英、そして戦後の財閥解体を経た日本についても当てはまるものである。それでもかつての財閥では分離が進んでおり、三菱や三井グループの旗艦企業の経営トップに岩崎家や三井家の子孫が君臨しているわけではない。

第1章でも言及したように、創業家・同族グループが所有するか、もしくは依然として大株主であっても、経営トップは専門経営者である場合も多い。オーナー側からすれば合理的な経営形態なのであって、ウォルマート、フォード、ディズニー、日本ではサントリーなどがすぐ想起されよう。そしてアジアや新興国の財閥も、将来的にはこのような分離途上の経営形態に向かうと考えられる。

ただし「向かう」と表現したものの、現時点までのアジアの主要な財閥の趨勢を見る限り、持ち株会社や旗艦グループ企業の経営トップには相変わらず世襲制が適用されたままである。逆説的に言えば、財閥全体のコングロマリットとしての規模と業種の拡大に伴い、ファミリー以外の専門経営者を登用せざるをえない状況にあると同時に、澤田［2011］（第1章）が指摘するように、内部の専門経営者育成とともに、外部から専門経営者を登用したり、経営コンサルタントを活用できる外部市場をオーナー経営者はいつでも利用することができるからである。創業者の血を引く経営トップがインタビューにおいて後継者についてたずねられたとき、これからは専門経営者の時代と言うのはほぼ決まりきった返事であるため、この点については引き続き「半信半疑」の目で見た方が良さそうである。

2．世襲制をめぐる攻防　韓進財閥（韓国）の場合

今ではアジアの財閥と言えば、真っ先に思い浮かぶのは韓国の財閥であろう。戦前の日本を別にして、戦後形成・発展した韓国の財閥に対するアジア圏内での一般の認知度は比較的高いと言える。それには、1960年代初頭の世界の最貧国の一つから漢江の奇跡によって、韓国が高度成長を経て、遂には世界のGDPランキングで11位（2015〜2016年、2019年13位）になるまでに、サムスンブランドをはじめ、LGなどのグローバル企業が世界的に知られるようになったことと、それらグローバル企業が財閥であったためである。

とりわけアジアで「韓国のグローバル企業＝財閥」というようなイメージを抱かせるきっかけとなったのは韓流ドラマの貢献もあろう。経済格差の反映でありながらも、ドラマに登場する超富裕層に対する羨望の眼差しが存在していることは否定できまい。国内においても羨望や嫉妬が入り混じっているものの、総じて1960年代からは一貫して世論の財閥に対する厳しい眼差しも存在している。歴代政権も世論に同調し「財閥改革」という錦の御旗を振りかざしてきたものの、財閥側との癒着も重ねてきた。

ここでは共に経営危機に陥った韓進グループと錦湖（クムホ）アシアナグループの経営内部の動向について、各種報道に基づいて危機に至るまでの経緯について簡単に振り返ってお

くことにしよう。

長期にわたる財閥の世襲制や経営の家族支配が続くことで、二世、三世の子供たちによる不祥事も相次いだ。2014年12月、ジョン・F・ケネディ国際空港で離陸前の大韓航空便で、ファーストクラスの乗客として乗っていた当時、大韓航空副社長で会長の娘であった趙 顕娥（チョ・ヒョナ）が、CAに対してナッツの提供の仕方にクレームをつけ、同便を搭乗ゲートに引き返させ運航を遅延させた、いわゆるナッツリターン事件は日本でも大きく報道された。

ただでさえも財閥一族に対して批判的であった世論は、この事件を契機にさらに批判を強めることとなった。韓国の法廷でチョ・ヒョナは強要罪などで執行猶予付きの有罪判決を受けた。その後、チョ・ヒョナは一度副社長を辞したが、2018年に経営幹部に復帰を遂げている。同事件の捜査にあたって、大韓航空内での口裏合わせや政府を通じた事件被害者（CA、チーフパーサー）への圧力があったことも明るみに出て、世論の怒りは収まらず、父親の趙 亮鎬（チョ・ヤンホ）会長が謝罪を重ねることとなった。

大韓航空を旗艦企業として経営する韓進グループは、高度経済成長期以降、航空路線を広げ、商社および韓国における海運、陸運においてトップシェアを握り、四大財閥（サムスン、SK、現代、LG）に迫る規模と知名度を持った財閥である。創業者趙 重勲（チョ・ジュンフン）が戦後、仁川で韓進商事を設立し、米軍需要に対応してトラック運送業から事業をスタートさせた。大韓航空自体は国営だったものの、朴政権期の1969年に民営化されたことで韓進グループの傘下企業となった。

グループの傘下には複数の大学もあり、仁荷大学校もその一つである。正門を入ると原寸大の民間飛行機模型が展示してあり、物流関連の学部が設置されている。CA養成の専門学校も併置されており、財閥傘下の大学として人材養成に力を注いでいるようである。以前、同大を訪問した時、いくつかの指標で韓国の大学内でトップレベルにあることを大学関係者側が自慢していたのが印象的であった。

話を元に戻すと、趙亮鎬会長の相続時における海外資産の脱税疑惑なども含め、以前からファミリーに対しては批判があったが、その後も次女のパワーハラスメント事件、会長妻の現場作業員への暴行事件、同じくファミリーの女性たちによる関税逃れの密輸疑惑などによって、世論の怒りは頂点に達していた。こうした不祥事に加えてリーマンショック以降の海運不況によって、旗艦企業の一つであった韓進海運が経営破たんし、もう一つの旗艦企業大韓航空も経営難に直面していた。

2019年に入ると多額の債務を抱え経営不振に陥っていた大韓航空に対して、投資ファンドと10％の株式を保有する政府系の国民年金公団の会社改革に対する圧力が高まり、

２０１９年3月定期株主総会では、趙会長の取締役再任案が否決された。韓国の四大財閥に次ぐ大手財閥で生じた株主総会でのオーナー経営者の降板は、財閥改革を進める文政権の下では画期的な出来事であった。ただし趙会長は韓進グループの持ち株会社韓進ＫＡＬであり、大韓航空の持ち株会社は韓進グループと大韓航空の会長を兼ねており、大韓航空では取締役でない会長になるだけであった。それでも想定外の出来事がこの後続き、4月に入ると趙会長が米国で死去するというアクシデントが続くことになった。

会長の死後、長男趙 源泰（チョ・ウォンテ）大韓航空社長が新たな財閥の三代目総帥に就くことになった。大韓航空をめぐって株主との対立が表面化したものの、財閥の世襲制の牙城を崩すには至らなかった。２０１８年にＬＧグループの具 本茂（ク・ボンム）会長が亡くなった際も四代目の具 光謨（ク・グァンモ）会長にスムーズに継承されており、過去のサムスングループの継承と並び、上位財閥のトップは40歳代に移行しつつある。

財閥改革の契機になるのは韓国に限らず、基本的には経営危機である。財閥への経営危機という試練は１９９７年のアジア通貨金融危機の際にも生じたが、このときは上位財閥が中堅財閥の不採算事業などを吸収して、むしろ上位財閥の規模の強化と世襲制の安定化につながった。それでも２０１９年には偶然にも大韓航空を追う国内2位の航空会社であるアシアナ航空が経営危機に陥り、創業家ファミリーが経営から退陣するという結果になった。これは韓進グループよりもさらに深刻な事態となった。

同年4月アシアナ航空で不適切会計が発覚したことによる引責辞任という形で、錦湖アシアナグループは、創業家出身、創業者故朴 仁天の三男朴 三求（パク・サムグ）会長がグループ経営すべてから退陣することを表明したのである。同時にグループの化学部門トップで四男の朴 賛求（パク・チャング）錦湖石油化学会長も経営から退くことを表明した。兄弟オーナーの経営からの撤退に伴い、航空部門の朴 賛法（パク・チャンポプ）・アシアナ航空副会長がグループ会長となった。同じ姓だが朴 賛法副会長はグループで40年以上働いてきた専門経営者である。

錦湖アシアナグループの場合、創業者一族ではないものの、ファミリーの身内に近い立場にあり、完全に一族の利害が払しょくされたわけではないと見ることができるものの、オーナー経営者の撤退は所有と経営の分離に向けての前進とみなすこともでき、韓国財閥の歴史においては画期的な出来事であったと言ってよい。

ただし、注意しておかなければならない点として、同グループは旗艦企業であるアシアナ航空を売却することを決定しており、実際にはアジア通貨危機時のような他の財閥による吸収と異なることはないという点である。そして破たんや経営危機以外の、規模の拡大と発展期において生じた経営者の交代ではないことである。これは裏を返せば、経営パフォーマンスがグループの生死に関わる致命傷に至らない範囲であれば、世襲制は維持されていくということも意味しているのである。

3. 韓国財閥の歩みを振り返る

サムスングループだけで韓国GDPの約20%を占め、他の財閥も加えれば韓国経済の財閥依存度はさらに高まることになる。韓国の場合、高度経済成長以前から財閥に対する風当りが強かったという歴史的経緯もさることながら、成熟した相対的に低い成長期に移行したところで、経済格差が顕著となって数々の財閥の不祥事が明るみに出たことも財閥批判の大きな契機となった。世論のバッシングに合わせて政府自体も財閥改革を唱え強気に対処せざるをえないことと、司法検察側も財閥に対して常に目を光らせているという、韓国特有の事情もある。それだけ財閥経済が他の東アジア、南アジア、新興諸国圏と比べても深く国民生活にまで浸透している証左でもある。

実際、他のアジアNIEsである台湾、香港、シンガポール、そして先発ASEAN（タイ、インドネシア、マレーシア、フィリピン）の財閥ではコーポレートガバナンスなどが議論されるものの、韓国のような財閥バッシングや政府による財閥改革宣言などはほとんど起きていない。東南アジアの華人系財閥については過去、華僑に対する警戒心や暴動もあったが、それらはマレーシアのブミプトラ、インドネシアのプリブミのような現地人・現地資本が圧倒的に華人系財閥に対して劣位にあることと、華僑と現地人との格差に起因するものであった。

先発ASEANの売上高上位企業10位までは公営企業を除けば、ほとんど華人系財閥に独占されているのが現状である。財閥は同時に同族経営であり、ほぼ同義に捉えられていることから、むしろ同族経営に対する肯定感が強く、そのために財閥批判が出にくいことの一因になっているように思われる。またこれら諸国では相続税がないか、実質、低率課税の国がほとんどで経営の世襲制を罪悪視していないことにもよく示されている。

実は欧米先進国を含め世界を見渡すと、相続税が存在し高税率な国はむしろマイナーな存在なのである。社会経済的な不平等を是正するためにも、相続税の存在は我が国でも当たり前のようになっていて議論されることはほとんどないが、少なくとも制度的に高税率が採用されている主な国は米国、日本、韓国だけである。

例えば、最初に取り上げた韓進グループの継承においては、故会長の持ち株会社における株式持ち分だけで、相続した家族の相続税分は2、700億ウォン（約250億円）に達したとされている。これは持ち株会社だけの持ち分であって、他にも不動産会社などの持ち分の相続税があり、2019年11月に相続を完了させている。(1)

日本の場合、厳密には戦前のような財閥はないが、いわゆる同族企業は多数存在している。アングロサクソン圏同様、所有と経営が分離している大企業も多数あるが、同時に上場している創業者世代のオーナー企業から町工場サイズの中小企業まで同族企業のすそ野は広い。オーナーによる自社の大量株式保有は、配当に対して一般的な税率より高く設定されているために、また相続税の問題があるために資産管理会社が広く普及している。例えば、非上場のオーナー企業サントリーホールディングスの資産管理会社は寿不動産である。サントリーのように巨大な同族企業の場合、資産管理会社は実質持ち株会社としての機能も果たしていると言える。

ちなみにサントリーホールディングスのCEOは、三菱商事出身の新浪　剛史氏である(2020年1月現在)。これはサントリーが同族経営から離脱する意志を示したものというよりは、いわゆる「番頭経営」であって、同族経営を維持するための不可欠の装置と位置付けられよう。こうした表面上の専門経営者化はすでに述べたようにアジアの財閥でも進展していくだろうが、それは決して本質的な所有と経営の分離を意味するわけでもなく、分離に進むわけでもないということである。経営トップはいつでも専門経営者から創業家一族のメンバーに交代可能だからである。

韓国の相続税率は最高65%で、米国や日本を上回る税率である。こうした税率の高さは本来、財閥や同族企業の世襲制を防ぐ効果を発揮してもよさそうなものだが、むしろ中小企業の発展を阻害する効果をもたらしているようである。日本でも高率の相続税がネックとなって、黒字ではあるが資産管理会社などを設ける余裕のない中小企業にとっては、後継者難から廃業せざるを得ないケースが相次いでいる。

事情は韓国でも同じようだが、韓国の場合、もともと財閥・大企業と中小企業の格差が大きいうえに、中小企業のすそ野が狭く加工貿易による輸出依存度が高いため、完成品を輸出する場合、どうしても日本からの部品・中間財輸入に依存せざるをえなかった。極端なことを言えば、輸出をすればするほど対日貿易の赤字幅が拡大するという貿易構造を抱えてきたのである。

韓国ではひと頃よりは中小企業の発展も見られ、日本企業の中には韓国の部品メーカーに依存するケースも増えたが、それでも十分な発展とは言い難いことは、2019年の日韓間の貿易管理と貿易摩擦に反映されていたと言ってよい。さらに繊維や消費財製造の中小企業は早い段階で見切りをつけて、拠点そのものを海外に移してきたことも国内中小企業の空洞化に拍車をかけてきた。

LGや韓進のように持ち株会社化へ進む場合もあれば、グループ内の中枢企業に部分的に持ち株会社の役割を担わせる場合もある。例えばサムスンの場合、伝統的にサムスン生命や遊園地のエバーランドなどがこれに該当する。そして高率の相続税にもかかわらず、ここでは主要財閥が伝統的に形成してきた循環出資という韓国財閥特有の資本構造が世襲制維持の大きなツールとなっていた。サムスン物産→サムスン生命→サムスン電子→……という具合に、主要な系列企業が順繰りに株式を持つというものである。

循環出資は創業家一族が少ない持ち株でグループを支配することを主眼としており、この資本構造を強化するために異業種参入が図られ、循環出資のサークルに新たな異業種企業が加わることで財閥のコングロマリット化を促進してきた面もある。しかしながら２０１７～２０１８年頃を境として、財閥はこうした循環出資構造を解消する動きを見せ始めている。遠藤［２０１５］によれば、２０１４年に新規循環出資禁止が制定されたことで、循環出資構造解消と持ち株会社制移行の契機になったが、その後の動向はすでに見たように財閥間で対応が分かれる結果となっている。

数々の財閥ファミリーメンバーによる不祥事もこうした動きを強めることになった。より決定的だったのは、サムスングループの三世李 在鎔（イ・ジェヨン）の当時の朴 槿恵政権側に対する贈賄容疑による逮捕であった。すでにいくつかの主要財閥は持ち株会社制への移行を遂げているが、サムスンや現代は依然として移行をためらったままである。韓国の持ち株会社制度では金融会社を入れることができないことも一つの理由とされている。例えばサムスンの場合は、旗艦企業の一つであるサムスン生命が除外されることになるからである。また既存の主要グループ企業が上場している場合、持ち株会社も公開企業とするならば、親子上場という形になり少数株主の権利はく奪などの問題が生じることも改革に相反するものとなる。

同時に持ち株会社を頂点とした場合、創業家ファミリーの株式持ち分を外部に対してより透明にする必要にも迫られよう。持ち株会社となっていたものの、経営難に陥った韓進グループは金融会社をグループ企業に持っていなかった。持ち株会社のメリットの一つは、不採算のグループ企業を売却などで切り離し、有望な事業・企業を買収する上での意志と行動を速めることができることも含んでいる。

韓国の主要な財閥のグループ企業を一瞥すればすぐにわかるように、銀行が傘下にない。かつての日本の財閥がそうであったように、現在においてもシンガポールやフィリピン、インドネシアなどの先発ASEANの財閥には、金融系財閥やグループ内に旗艦企業として銀行が入っていることが多い。金融機関自体をグループ内に擁することは、外部的には内部金融として乱脈融資などのモラルハザードが発生することなどを除けば、財閥そのものにとってはグループ企業の資金調達面での優位性は揺るぎのないものとなろう。

サムスン銀行や現代銀行がないように、韓国は高度成長期を通じて民間銀行を財閥から分離したものとして政策金融を進めたため、現在においても財閥の中枢に銀行がないという状況が続いている。政策金融とは、希少な外貨を節約するために、貿易用の原材料・中間財輸入のための外貨融資を各財閥の輸出パフォーマンスと連結させた、いわゆる輸出促進のためのコンテストのことである。株式や社債などの資本市場が未成熟な段階では、どうしても企業は株式市場などを通じた直接金融ではなく間接金融（銀行融資）に依存することになってしまう。

この資金調達構造に対する警鐘は、1997年のアジア通貨金融危機のときに鳴らされた。それまで拡大路線を歩み、蓄積されていた財閥の有利子負債が露《あらわ》になったのである。株式などの資金調達に対して高い有利子負債比率、デットエクイティレシオ（D／Eレシオ）が致命的となったのである。特に中堅以下の財閥は破たんか、他の財閥もしくは外資による買収対象となった。当時タイとインドネシアを震源とした金融通貨危機は、自国通貨の対ドルレートの下落によって、外貨での借入分が下落分だけ膨らむことで危機を膨張させたのである。

外貨を借り入れた金融機関のみならず、融資対象の企業なども巻き込み連鎖破たんが進んだ。韓国の財閥にとってこうした負債比率の高さは一つの教訓となり、巨大財閥においてはその後D／Eレシオの改善が一定程度進んだが、韓進やアシアナに見られるように、事業ポートフォリオが薄く基幹事業が不振に陥った場合は、多額の負債による伝統的な破たんや不振につながることを改めて示したとも言える。

10大財閥に象徴されるように、上位財閥は2010年代までに新規事業を含め、事業多角化と規模の拡大を繰り返してきた[2]。問題はそうした投資の原資をどこに求めてきたのかという点である。高度成長期以降、韓国政府は財閥に対して産金分離の規制を維持してきた。このため国内銀行だけでは不足する与信を外資系、特に日系銀行が補完してきた。

例えば韓国のエレクトロニクスメーカーは半導体に典型的に示されるように、フッ化水素などの中間財原料の日本への依存度が高いだけではなく、過去に大型投資を行って日本のライバルメーカーを追い抜いてきただけに、負債依存度は依然として高く、日本の金融機関、特にメガバンクへの依存度も高い。ロイターなどの報道によれば、サムスンなどがグローバル展開を進める上で日本のメガバンクは2010年代以降、融資を増やしていったからである。このことは事業分野で日本企業と多数合弁しているロッテグループについても同様である。

4．世代交代へ向かうアジアの財閥

ここでは戦後アジアの財閥の原型（プロトタイプ）として韓国のケースを見てきた。そこには家族主義による経営支配が基底にあって、世襲制が廃される場合は致命的な経営危機か破たんの場合しかなかった。破たんした場合は事業が消滅するか、別の財閥に吸収されるか、事業売却ということになる。また機関投資家、特に内外の投資ファンドは経営不振・危機時に株主圧力を強め、オーナー経営陣を追及する傾向も強くなっている。このことは東・東南アジアの華人系財閥、南アジアではインドの財閥にも当てはまる。韓国で起きていることは大なり小なり新興国の財閥全般の問題となっている。

新興国全体については、他方で財閥そのものが自主的な意思によってトップを専門経営者とする場合もあるが、残念ながらこの事例は極端に少ない。2017年にインドの老舗財閥タタグループは、グループ内のIT系企業CEOナタラジャン・チャンドラセカランをグループの会長に指名した。同グループは長い間、直系のラタン・タタ会長に率いられてきたが、ラタン会長を引き継いだ姻戚にあたるサイラス・ミストリー会長が短期間で解任された後を継いだものであった。

一方、東南アジアの方に目を向けると、先発ASEAN諸国でも創業者の死去による世代交代が相次いでいる。2019年には幼少期に福建からフィリピンに渡り、靴販売店からフィリピン一の小売業グループ・コングロマリットであるSMグループを築き上げたヘンリー・シーが85歳で亡くなっている。SMはシューマートを意味し、SMグループのショッピ

マカオのカジノ王スタンレー・ホーの胸像（マカオカジノ店内）
出所：筆者撮影.

ングモールは外国人観光客にとってのランドマークとなっている。ヘンリー・シーはSMインベストメント社の名誉会長という肩書が物語るように、すでに存命中から長女のテレシタ・シー・コソン氏ら6人の娘・息子に経営を継承し、グループの会長と社長は専門経営者が担っている。

また前年にはメトロバンク、GTキャピタル・ホールディングスの創業者ジョージ・ティが亡くなっている。トヨタとの合弁事業でも知られた同グループだったが、こちらも息子のアーサー・ティ会長とアルフレッド・ティ副会長に引き継がれている(3)。

香港では東アジアにおいて華人系最有力財閥として中国ビジネスにおいて勢力を拡大した長江実業グループの李 嘉誠、マカオでカジノ王と呼ばれたスタンレー・ホーが、高齢のためすでに直系の息子や娘に事業を継承させている。

フィリピンや香港に限らず、表8－1に見るように、タイ、インドネシア、マレーシアなど比較的歴史の長い財閥はどこも世代交代に直面しており、専門経営者の登用やヘッドハンティングに力を入れる一方で、血の紐帯をベースとした世襲制も維持されているのである。世代が代わることで、より収益率の高い異業種への進出も行われ、コングロマリットがむしろ強化される傾向もある。(4)

東南アジアの有力財閥の多くは創業者世代やトップが高齢化しており、表に見るように2018～19年にかけて相次いで経営の交代が生じた。すでにコングロマリットとして巨大化しているために、専門経営者の活用も広がっている。SMグループのように会長ポストに専門経営者を据えたケースもあるが、これを専門経営者への移行や所有と経営の分離と単純にみなすことはできない。長女のテレシータ・シー・コーソンは東南アジアにおいて著名な女性経営者で、直系の継承者であるからである。いつでも創業家一族がトップになれるように暫定的に専門経営者を活用しているとみなした方が妥当であろう。

SMグループと似たケースはインドのタタグループにも見られ、こちらの場合はタタ一族それぞれが持ち株会社タタサンズの大株主（個々の財団保有という形で）として君臨している。あくまでも優秀な専門経営者の活用であって一族の経営権は担保されているのである。こうしたケースは財閥経営の在り方として一つの帰結を示しているのかもしれない。

表8－1　次世代へ継承されるアジアの財閥

財閥・グループ名	創業者，先代	後継者	主要事業
韓進グループ（韓国）	趙 亮鎬（チョ・ヤンホ）(2019年死去)	長男趙 源泰（チョ・ウォンテ）大韓航空社長が新たな財閥の三代目総帥に	航空，物流
LGグループ（韓国）	具 本茂（ク・ボンム）(2018年死去)	四代目の具 光謨（ク・グァンモ）会長	エレクトロニクス，化学，化粧品など
ロッテ・グループ（韓国）	重光 武雄（本名：辛 格浩）(2020年死去)	次男辛 東彬（シン・ドンビンが会長に	食品，小売り，ホテル，石油化学など
GTキャピタル・ホールディングス（フィリピン）	ジョージ・ティ(2019年死去)	経営は息子のアーサー・ティ会長とアルフレッド・ティ副会長に継承	銀行，不動産，自動車（トヨタと合弁）など
SMインベストメンツ（フィリピン）	ヘンリー・シー(2019年死去)	長女のテレシータ・シー・コーソンなど6名の子供に継承，会長などトップは専門経営者を起用	靴販売，小売り，ショッピングモール，銀行など
チャロン・ポカパン(CP) グループ	タニン・チャラワノン	長男が会長．3男がCEOに	養鶏，食品，小売り，外食，不動産など
クオックグループ（マレーシア）	ロバート・クオック	息子らが主要企業トップに	食品，海運，不動産，ホテルなど
サリムグループ（インドネシア）	スドノ・サリム(2012年死去)	3男アンソニー・サリムが総裁として経営を掌握	食品，インフラ
シナルマス・グループ（インドネシア）	エカ・チプタ・ウィジャヤ（2019年死去）	息子世代が継承．孫世代も主要ポストに	製紙，パームオイルプランテーション，不動産など
長江実業集団，長江和記実業（CKハチソン・ホールディングス）（香港）	李 嘉誠（2018年会長辞任，引退表明）	長男の李 沢鉅（ヴィクター・リー）が継承	不動産・投資，電力，ホテル，証券，通信など
SJMホールディングス（マカオ）	スタンレー・ホー（2018年会長退任）	娘のデイジー・ホー，妻などが継承	カジノ事業，香港・マカオ間のフェリー事業，不動産

出所：「過渡期の東南ア財閥　上」日本経済新聞，2019.2.6，各種報道を参考にして筆者作成．

なおここでは比較的歴史の長い財閥のケースを取り上げてきたが、後発ＡＳＥＡＮ（ベトナム、ミャンマー、カンボジアなど）では新興の財閥も数多く形成されており、これから発展期に入っていくと見られる。それらの成長経緯は政府との強いコネクションからスタートしていることでも似ており、ＡＳＥＡＮ経済の統合化の下で各国財閥間の事業提携も加速しつつある。(5) こうした新興財閥の間では、さらに同じ経営権問題が再現・繰り返されていくことになっていくと思われる。

【注】

（1）「韓進グループの継承問題解消、安定経営へ」NNA Asia（共同通信グループ）2019.11.7.（https://www.nna.jp/news/show/1970811）ただし、グループ経営をめぐる家族内の継承争いは終わっていないと現地紙朝鮮日報は伝えている。

（2）安倍［２０１１］参照。

（3）「巨星消え、鈍るスピード感」日本経済新聞　２０１９．２．６。

（4）小売り・製菓をコア事業とするロッテグループが石油化学事業にシフトしたり、ビールで名高いフィリピンのサンミゲルグループが買収によって石油化学事業をコア事業とするようなケースはむしろ当たり前のように生じている。こうしたケースの詳細については澤田［２０１７］（本書第1章既出）参照のこと。

（5）２０１９年11月にはフィリピンのアヤラ財閥とミャンマーのヨマ・グループ（華人系）が不動産開発、ホテルチェーンの経営で財閥本体同士の資本・業務提携を締結した。「東南ア深まる越境投資　2財閥が異例の資本提携」日本経済新聞、２０１９．11．19。

参考文献

安倍 誠［2011］「事業拡大を続ける韓国財閥」海外研究員レポート、日本貿易振興機構（ジェトロ）アジア経済研究所。
遠藤 敏幸［2015］「韓国の経済民主化と財閥改革―新規循環出資の禁止を中心に―」『同志社商学』第66巻第5号。
澤田 貴之［2018］『アントレプレナーの経営学』名城大学起業講座テキスト。

第9章

バイクメーカーとアジア

1. 日系バイクメーカーの成功と国内外市場

国の経済成長を現象的に示すものとして、モータリゼーション、自家用車の普及をまず挙げることができる。しかし、ここで「待てよ」という疑問を持つ方も多いのではないだろうか。四輪車が普及する前に二輪車、いわゆるバイク（スクーターを含む）が多くの若者たちの心を射止めていたことをつい忘れがちになってしまっているからである。

アジア新興諸国を訪れた日本人旅行者や出張者の目に留まるのは車の渋滞と並んで、その車の数に負けないほどのバイクの数である。それらの多くは日本で根付いている原付よりもやや大型の排気量である。特に通勤・通学の時間帯は、どこから湧いてくるのだろうかと思われるくらいバイク、特にスクーターで道路が埋め尽くされることは珍しい風景ではない。台湾、ベトナム、インドネシアなどの東南アジア諸国、そしてインドではこうした傾向は特に強い。

バイク自体はそもそも自動車より部品点数が少なく、三分の一（8、000点前後）くらいである。また構造自体もエンジンを二輪に据え付けたものからスタートしたように、自動車に比較すれば、かなりシンプルである。その結果、普及の初期段階において価格は自動車よりはるかに安いものとなる。

こうした事情からバイク産業においては、自動車に比較してはるかに参入しやすいために多くの新規参入者やピンキリの自称メーカーを生み出してきた。マイケル・ポーター（Porter［1980］［1985］）のファイブフォース理論で言えば、新規参入の脅威が極めて強いことになる。ポーターの競争戦略論をかいつまんで表現すれば、買い手・売り手に対しても立場が強く、代替品の脅威もない状態を理想としている。要するに競争がなければ、あるいは競争圧力がほとんどないことこそがベストの戦略であることを明らかにしている。

競争の不在という理想とは真逆の、つまり、日本のバイク産業が発展していく初期段階では、バイク市場は多くの競合者であふれた「レッドオーシャン」の状態が続いていたのである。戦後の日本ではしばらく多くの無名メーカーが乱立したことがある。ブラザーがバイクを一時的に生産販売していたように、まさに家電並みに多くの参入が続いていたのである。こうした状況がしばらく続いたせいもあって、エンジン開発能力を持った性能の高い製品を作れる本来のバイクメーカーが熾烈な市場競争を通じて残ることになった。

言うまでもなく、それらのメーカーとはホンダ、ヤマハ、スズキ、カワサキである。これらのメーカーはバイクマニアも認める正に世界のバイクメーカーと言ってもよい。そしてカワサキを除けば、ホンダ、スズキのように世界有数の自動車メーカーとなっている。ヤマハ（発動機）は船舶など幅広いプロダクトポートフォリオを持っている。優れたエンジン技術を持っていたメーカーのみが今日生き残っているのである。そして日本には世界的なバイクメーカーが4社も集結していることになる。

ところが奇妙なことに、これだけのオートバイメーカーが揃っていながら、国内では台湾や東南アジア、インドほどの普及を見せることはなかった。東京、大阪などの大都市部だけでなく、全国的にも東南アジアのようなバイクの群れを見ることはない。そうした群れをたまに見かけるとしたら深夜の暴走族ぐらいだった。

2. ホンダの奇跡とアジア進出

日本のバイクメーカーが世界にその名をとどろかせるようになったのは、そんなに古いことではない。むしろ欧米メーカーに比較すれば世界市場では新参者であった。戦前においては自転車製造でも知られた宮田製作所によるアサヒ号A型が最初の量産バイクだったが、これを別にすれば、官公庁、軍用向けを中心とした米国のハーレーダビッドソンのライセンス生産による高排気量大型バイクの「陸王」が主流だった。まだ現在の日本の主なバイクメーカーは産声もあげていなかった1930年代のことである。

ちなみに「陸王」は、日本の現在の大手製薬メーカー第一三共（当時は三共）傘下の日本ハーレーダビッドソンによって製造販売されていた。日本のバイクメーカーが国内外で本格的に頭角を現すようになったのは、1950年代のホンダによるスーパーカブの製造販売である。いわゆるスクーターであるスーパーカブは発売とともに、たちまち国内市場を席巻することになる。

ホンダは同時に内外のオートバイレースに積極的に出場し、スピード性能に優れた製品で世界市場への進出を狙っていた。そのためにも攻略すべき海外市場として、オートバイ先進国の巨大市場であった米国がそびえ立っていた。ホンダが米国市場へ進出したのは1960年代であった。この時代は日本ではまだ資本自由化の段階に至っておらず、外貨節約のための外貨持ち出し規制が存在していた。

1971年のニクソンショックによる金ドル交換停止を迎えるまで1ドル＝360円という固定為替レートであったため、日本企業が米国に向けて安価な製品を輸出するには著しく有利で、代わりに輸入品は著しく高かった。石油などの原材料を除けば、製造業はありとあらゆるものを国産化する必要があった。他方、輸入品は耐久消費財だけでなく、菓子類のコンフェクショナリー、ウイスキー、ビールなどのアルコール製品、化粧品類に至るまで恐ろしく高価だった。これらは今では死語となっている「舶来品」と称されていたのである。

ホンダが進出した時期は、留学生から企業に至るまで外貨の持ち出し規制のため、使用できるお金が限られていた。ドル自体恐ろしく高価な通貨だったのである。節約生活を強いられていたホンダの現地駐在社員の苦労は想像に難くない。米国と言えば、やはりハーレーダビッドソンがすぐに思い浮かぶことから、ホンダは米国人の体形に合った大型バイクでの市場参入を考えていた。ところがこちらのバイクに対する米国人の反応は芳しいものではなかった。

ある日、社員がスーパーカブに乗ってスーパーへ買い出しに行く姿が頻繁に目撃されるようになると、このコンパクトな見慣れぬバイクに対する評判が巷の噂になり、大学をはじめとして全米でスーパーカブのブームが巻き起こったのである。ホンダが当初意図したこととは別の結果をもたらしたが、この成功は、ホンダのその後の四輪での成功事例とともに現在でも米国のビジネススクールで語り継がれている。今日においても欧米市場をはじめスーパーカブのファンは多く、これも世界で最も売れたバイクがスーパーカブであったことを知ればば納得がいくに違いない。

そしてホンダの米国での成功は二輪にとどまらず、四輪においても続いた。ホンダが起こした米国での二度の奇跡と言ってよいかもしれない。四輪においてもホンダはそのエンジン技術の優秀さを証明したのである。Mintzberg and others［1996］の研究論文に代表されるように、ホンダは米国人の経営学者にとって絶好のケーススタディを提供したのである。

繊維機械製造から自動車製造へ進化を遂げたトヨタのように、ホンダも二輪から四輪（自動車）へと進化した世界的にも稀有な事例である。同じような事例はこれも日本国内、スズキの事例を挙げることができよう。しかもスズキの場合はトヨタ同様、繊維機械製造に端を発している。エンジン技術というコアテクノロジーの優位性を持ちながらも、ホンダの場合、自動車に参入したときは新参者であったがゆえの悲哀も味わったようである。

各国市場ごとに異なった特性があるものの、基本的に二輪と四輪のユーザーは異なっている場合が多く、日本の場合も既存の四輪ユーザーたちの間では、ホンダが四輪市場に参入した当初、二輪車メーカーという偏見が存在していたことは否定できなかった。ホンダは、1962年に四輪への進出を宣言した10年後の1972年、米国の当時の厳しい排ガス規制であったマスキー法をクリアした世界最初のエンジンCVCCの開発に成功する。CVCCを搭載したシビックはその後、ベストセラーカーの地位を得ることになるが、CVCCの開発に成功した頃にはすでにホンダは高排気量においても世界トップクラスのバイクメーカーに成長していたのである。今では小型車において新興市場（インド、東欧など）で人気となっているスズキと並んで代表的な「二刀流」企業となっている。

日本のバイクメーカーは、家電や自動車メーカーと比較しても輸出とグローバル化がいち早く進んだだけでなく、家電が後発国メーカーに追い上げられ地位を下げたのと異なり、そのポジションは不動の地位にある。インドや中国の二輪メーカーも一定の成長を遂げているが、ＡＳＥＡＮなどの新興市場では日本ブランドが圧倒的なシェアを誇っている。それだけ海外では日本の二輪ブランドに対する信頼が厚いと言えよう。

3．国内と海外市場のギャップに立脚した日系メーカー

日本のバイクメーカーがかくも早く、そして規模的に見てもグローバル化した要因はどこにあるのだろうか？　ホンダのように優れたエンジン技術を擁していたから、あるいはそうした技術や組織を含めたコア・コンピタンスの優位性など、経営学らしい要因を挙げることは容易であろう。そして、そのどれもが正しいであろう。ただ同じことは他の製造業にも言えるのである。

すでに述べたように二輪産業は、二輪車に原動機を付けた原始的なレベルからスタートし部品点数も自動車よりも少ないため、当初からメーカーが林立し競争が厳しくなる傾向が強かった。ところが新規参入の脅威はこの場合、それほど長く続かなかったのである。バイクユーザーがとりわけ厳しい選択眼を持っていたからである。そして同時に高度成長時代を通じて、この厳しいユーザー（顧客）の数そのものが日本では期待されたほど増加しなかったのである。自動車の普及に示されるモータリゼーションの波が、こうした顧客を早い段階で四輪購買へとシフトさせたからである。

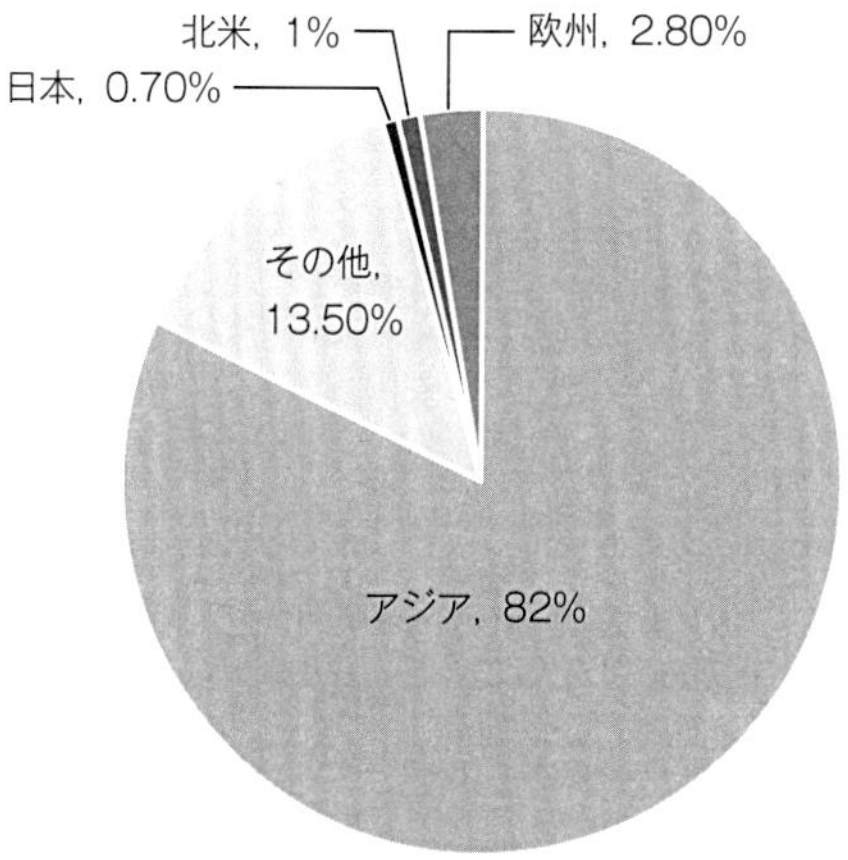

図9－1　地域別バイクの販売シェア（総計5,399.5万台）

出所：ヤマハ発動機　FACT BOOK 2018より.
ヤマハ調べ, 引用に際してオートバイではなくバイクの表記に変更した.

図9－1は世界のバイク販売額の地域別シェアを表したものである。驚くべきことに日本は0・7％しかないのである。名だたるバイクメーカーを抱えている国であるのに、自国市場は非常に小さいのである。同じように先進諸国市場は非常に小さく、北米でさえも1％にすぎない。バイク市場の大半はインドネシア、ベトナムなどのASEAN諸国、さらにインドなどのアジアなのである。これら諸国の街角で見かけるバイクの波はテレビなどの映像でもおなじみになっている。

これらアジア諸国は、日本のバイクメーカーにとって巨大市場であると同時に重要な生産・開発拠点となっている。特にインドとインドネシアは最重要拠点となっている。日本のバイクメーカーは当初は欧米市場を目指し、一定の成功を収めたが、同じ外需でもその後、成長を遂げるアジア新興市場にシフトし大きな成功を収め、今日の地位を築くことになったのである。これはハーレーダビッドソンにできなかったことであり、小型スクーターからハイスペック大型車までの広い生産ラインナップを持つ日本メーカーの強みであろう。

振り返って日本市場を見た場合、その市場の小ささに改めてうなずく人も多いのではなかろうか。街を歩いていても確かに自動車に比べてバイクを見かけることはほとんどないか、非常に少ない。原付も含めて人々はなぜバイクに乗らないのか？　なぜバイクを買わないのか？　価格面では自動車に比べてはるかに魅力的であるにも関わらず、こうした状況では流通市場も当然限られたものになる。バイク買い取りの「バイク王」や販売チェーンの「レッドバロン」なども国内ではこの市場の狭隘さが成長に立ちふさがる大きな壁となっている。

スクーターユーザーを除けば、「レッドバロン」の店頭に集う購買者層はいわゆるバイク通である。自動車の一般的なユーザーに比較すれば、より玄人に近い、セミプロ的なユーザーなのである。こういうユーザーは中高年になってもバイクを乗り続ける人が多い。しかしながら多くの購買層は一過性のユーザーで、すぐに四輪に乗り換えるか、最初からバイクに見向きもしない人も多い。バイクは不良の乗り物というイメージが昔から定着しており、こうしたイメージもあって色眼鏡で見られることも多く、交通取り締まりの対象にもなりやすい。若者がバイクに乗っているというだけでバイクの背後からパトカーが追尾することも珍しくなく、高校などでもバイクに乗ることを禁止しているケースが多かった。したがって親たちも極力この乗り物から子供を遠ざけたのである。アジアではバイクに乗る女子高生や女子大生も少なくない。インドネシアのホンダのCMでは、インドネシア版AKBが登場するが、高排気量の女性仕様バイクも早くから投入されている。日本では女性ユーザーはさらに少ないのが現状である。

以上の事情に加えて、日本ではバイクメーカーが女性顧客をターゲットにしにくい環境もある。最近でこそシルバー層が軽自動車の中心的なユーザーであるが、この軽自動車という世界的に見て特殊な自動車セグメントは女性顧客がターゲットだったため、バイクの潜在的顧客を食う役割を果たしていた。軽自動車を製造販売しているスズキはいわば共食いを助長していたように見えるが、実際は世界市場で「すみ分け」が行われることで「二刀流」が成立していたのである。

こうした意味からも日本のバイクメーカーはさまざまな製造業史の中でも非常にユニークな存在であり、そうした事情に思いをはせるのならば、街を走るバイクに対する見方も少しは変わるかもしれない。

4. 世界一の製造国・販売市場としてのインド

新興諸国、特にアジア新興国の経済発展の一つの指標として、耐久消費財である自動車とその部品や素材産業のすそ野の広がりや波及効果の大きさから、各国の自動車市場と関連産業の成長に焦点が当てられることが多い。各国のモータリゼーションの進展は、経済成長と国民所得・消費の増大の反映でもあるからである。ここからいつしか日本や先進国、そして直近では中国の経済発展の事例から、自動車の普及は、つい二輪車から四輪車へのシフトが起きた結果と考えがちであるが、すでに見たように東南アジア、とりわけインドネシアの事例のように簡単にシフトが生じているわけではない。

確かに改革開放前の中国人民の主な交通手段は自転車であって、1970年代は人民服と並んで自転車はある意味、当時の中国を象徴するものとして定着していた。しかし、その後の高度成長は、自転車→モーターバイク→自動車へという経験則通りの発展シフトを歩み、今や中国は世界一の自動車市場となっている。オートバイ・スクーターの自動二輪においても長らく中国は世界一の市場であったが、現在はその座をインドに譲り渡しており、インド自動車工業会（SIAM）の統計によれば、2017年以降、インドだけで年間2、000万台を超える生産販売台数となっている。中国の水準も1、500万台前後で依然として高い水準を維持している。またインドネシアも600万台前後の水準である。

　中国もインドネシアも自動車市場が拡大しつつ、自動二輪の市場規模も巨大で、自動車の保有台数の増加によって低迷気味になってはいるが、根強い需要は相変わらず健在である。またインドに至っては、自動車の販売台数とともに自動二輪の販売台数も伸びてきた。自動二輪から自動車へのシフトは、ある意味、所得水準の上昇によって、相対的に低価格な二輪から高価格の自動車へシフトすることが自然と想定されてきたようだが、すでに述べたように日本や欧米ではそもそも自動二輪の需要がそれほど大きかったわけでなく、それらが十分に普及する前にモータリゼーションが一気に進んだのである。

　ところが新興諸国では必ずしも先進諸国と同じような自動車優位のシフトは進まなかった。現在に至るまでの自動車と並行した二輪に対する需要は、単に所得水準という要因だけでは説明できない現象となっている。バンコックあるいはジャカルタにせよ、インドの諸都市にせよ、交通渋滞にはすさまじいものがある。インドでスズキのような燃費重視の小型車が大きなシェアを得ているのは、こうした厄災的とも言える交通渋滞が背景としてあること、同様に機動力のある自動二輪が近距離の移動に便利であることを挙げることができよう。

　ユニコーンとしてジャカルタで急成長したグラブは、自動車ではなくバイクを活用した配車・配送サービスである。台湾、ベトナムをはじめとした東南アジア、インドやパキスタンでは通勤・通学用に工場や大学の駐輪場に多くのバイク、スクーターが並んでいるのは日常的な光景であり、東南アジアでは若い女性の需要も少なくない。こうした需要に支えられて、販売市場として大きな位置を占める新興諸国では日系メーカーに加えてローカルメーカーによる生産販売も盛んで、バイク業界は活力に満ちた状況となっている。

その中でも国によってはバイクの代名詞ともなっているホンダのケースを取り上げてみよう。ホンダの開示資料によれば、東南アジアでの販売シェアは2018年時点でインドネシア76%、タイ80%、ベトナム76%となっている。また南米の大国ブラジルにおいては83%、南アジアのパキスタンでは83%となっている。これらの市場では「バイク＝ホンダ」と言っても過言ではあるまい。こうした新興国市場でのホンダの成功は、かつて1960年代にスーパーカブで米国に進出して成功して以来の、二輪での第二の成功と呼べるものであろう。ただし、ホンダの成功はすべての新興国市場におよんでいるわけではない。また米国市場は22%だが、老舗ローカルメーカーが強みを発揮しているヨーロッパではわずか2%にすぎない。特に世界最大市場のインドでは現在、現地法人は100%子会社で27%と健闘はしているものの、現地メーカーとの合弁期の約50%と比較すれば後退しているようにも見える。インド市場について、このあたりの事情についてホンダを中心にして以下振り返って見てみることにしよう。

5. ホンダとインド

世界一の販売市場であるインドに目を向けると、そこには東南アジアの街の雑踏に溶け込んだバイク市場の日常と同じ風景が眼前に飛び込んでくる。都市部においてはバイクの販売店や修理店もユーザーで賑わっており、完成車に加えて部品の製造販売と流通網も街の中に根付いているようである。自動車に比べれば構造がシンプルであるため、参入企業が多いが、現在のインドでは日系メーカーが１９８０年代に進出した後、市場と競争構造が激変している。

インドでは、それまではバジャージのベスパタイプのスクーターやロイヤル・エンフィールドのバイクが主流だった。しかし、インドのユーザーたちは数十年間もモデルチェンジしない自動車同様、こうした社会主義型市場の製品に見切りをつけていた。そこへ合弁の形で日本のバイクが入ってきたわけだから、冷戦時代のソビエトに入ってきたペプシやコカ・コーラ並みの衝撃を購買層に与えたとも言える。１９８０年代後半から90年代にかけて四輪のスズキと二輪のホンダは、まさにインド市場での代表的な外資ブランドとなったのである。

バイク全体のシェアで首位に立っているのはローカルメーカーの雄ヒーローモトコープで、ホンダモーター・サイクル・インディア（以下ＨＭＳＩ）がこれを急追、以下ＴＶＳ、

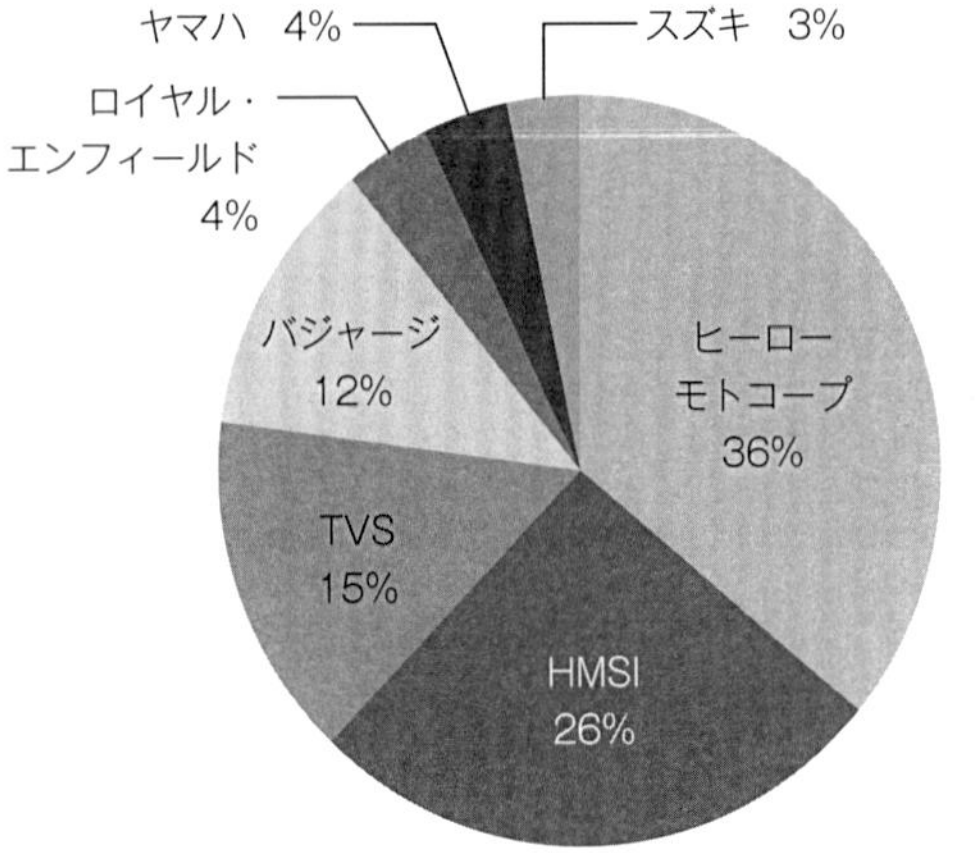

図9－2　インド市場における自動二輪のメーカー別シェア 2018－2019年

（注）年次は財政年度.

出所：Auto.com［2019］より.

バジャージなどが続いているというのが市場の構図である。２０１８－２０１９年の市場シェアの内訳は図９－２のようになっている。ヤマハとスズキは合わせても７％ほどであるが、ホンダは世界一の生産販売市場でも2位と確固たる地位を占めている。

　ただし、こうした市場構図に至るようになった背景として、ホンダのインド進出以降の経緯を振り返っておく必要がある。自動車同様、バイクの場合も外資系、とりわけ日系メーカーとの合弁・技術提携がその後の国内の市場構図を大きく変えることになった。その立役者は、１９８４年に自転車製造大手ヒーローサイクルと本田技研が合弁で設立したヒーローホンダだった。

　この１９８０年代の早い段階でのインド

進出は、スズキの四輪と並んでホンダの二輪をインド市場に定着させる上で決定的な出来事となった。なぜならばインドが外資に市場を本格的に開放するのは、1991年以降のことだったからである。湾岸危機に端を発した国際収支危機からIMFの構造調整融資を受ける条件として、インド政府は経済自由化を断行せざるをえなかった。したがって80年代の進出は経済発展を模索するインド政府の要請に対応した特定日系メーカーの進出だったわけで、外資のライバルが存在しない、いわば「先行者の利益」を基盤にして、マーケットリーダーとしての地位をその後、築き上げることにつながったのである。

奇しくも1984年にヒーローホンダもマルチスズキ（インド側パートナーは国営マルチウドヨグ社）も設立されているが、インド政府の段階的な自由化に伴う必然の結果だったと言ってよい。ホンダとスズキが進出した当時のインドには自動車もバイクもローカルメーカーのみで、自動車（乗用車）に至っては数十年モデルチェンジされない二車種のみだった。スズキの自動車とホンダのバイクはインドの消費者に衝撃をもたらし、1980年代後半から90年代にかけてほぼ市場を独占する地位を築き上げることができた。

自動車については経済自由化後、堰を切ったように四輪、二輪双方において外資系メーカーが参入したが、2010年以降もスズキとホンダはシェアナンバーワンを維持してきた。スズキの乗用車シェアは45％前後で推移しており、毎年1月にデリーで開催されるモーターーショーでは、新モデル発表時には最も人が群がりマスコミも注目するのが常となっている。アルトタイプの小型車で市場を席巻した後、インドのユーザーにとって自動車と言えばスズキというブランドがすっかり定着したものとなっている。

ホンダの二輪もスズキ同様、インド市場で認知され定着したものとなり、ヒーローホンダは世界一の二輪車市場インドのトップメーカーとなった。またホンダよりも早くスズキは1982年にTVSと合弁企業（TVSスズキ）を設立していた。遅れて1995年にはヤマハ発動機がエスコーツ社と合弁企業を設立していた。またバジャージは1986年にカワサキと技術提携している。このようにインドの二輪製造と販売の拡大は、日系二輪メーカーを中心とした外資との資本・技術提携を背景としていた。

日系メーカーとローカルメーカーの蜜月は1980年代から2000年代にかけて続いたが、ローカルメーカー側が技術力を増すことで、こうした蜜月関係はやがて終焉を迎えることとなった。ヤマハは2001年にエスコーツとの合弁を解消し100％子会社化したが、この場合はパートナー側のローカルメーカーとしての位置づけが低かったことによる。

四輪のスズキの例に見られるように、国営マルチ社の出資比率が10％にまで減じたことと事情が似ているようである。しかしローカルメーカー側の位置づけが比較的高い場合は、提携によって技術力を強化したローカルメーカーは合弁会社の解消を選択し、改めてローカルメーカーがインド市場で日系の強力なライバルとして立ち塞がることになったのである。島根［2006］によれば、この合弁期においてヒーローホンダ、バジャージ、TVSなどのトップメーカーは部品メーカーの育成を積極的に行い、産業としてのすそ野を固めた時期でもあった。合弁の効果は善本、大田原他［2005：13-16］が指摘するように、トップメーカーの生産現場には日本的な製品管理をはじめ独自の製品開発、定着率の高い高学歴労働者が存在していた。

ヒーローホンダの合弁解消に典型的に見られるように、日系メーカーは将来も見据えた巨大な潜在的な国内市場の獲得を目指していたのに対して、パートナーのローカルメーカー側は海外市場の獲得を目指していたという相違があったことも大きい[1]。2011年にホンダ側が株式をすべて売却し、ヒーローホンダはヒーローモトコープとしてトップのローカルメーカーとして市場に君臨することになった。ヒーローホンダ以来、50％に近い市場シェアを当時有していたのである。

他方、ホンダは1999年にホンダ・モーターサイクル・アンド・スクーター・インディア（HMSI）を設立し、ヒーローホンダとはすみ分ける形でスクーターを主力の販売製品としていた。しかし、実際は友澤［2007］が指摘するように、製造品目は両社の協議によって重ならないようにしていたが、次第に両社にはライバル関係が形成されつつあった。

合弁解消後、ホンダは需要が拡大してきたスクーターの生産販売が軌道に乗り、図9－2に見られるようにトップのヒーローモトコープを急追しシェア2位の位置にある。バイクの販売台数は2，000万台超に達し、スクーターの需要は伸び続け、670万台、全体の33％を占めるまでになっている。

ホンダのスクーターは368万台で市場シェア55％を占め、TVSの124万台、ヒーローの72万台に大きく水を開けた格好となっている。ホンダのスクーターによる巻き返しが顕著になった背景として、一般的に二輪車市場の成熟過程でスクーターの需要が著しくなる傾向があり、これは東南アジアでも見られた現象である。オートバイの購買層がある程度限定されるのに対して、低価格のスクーターはバイクそのもののマス購買層を広げることができるからである。

ただし低価格と現地ニーズに見合ったモデルの市場投入ということであれば、ローカルメーカーも同様に強みを持っており、都市部だけでなく、農村部も含めたヒーローの販売ネットワークには日系メーカーは及ばない。ホンダはASEAN市場での経験を活かして、HMSIを通じて研究開発や本社機能の一部を移して現地に適応したモデル、アクティバシリーズ（110ccクラス）を日本円で10万以下の価格に設定している。プラスチック製の外装が主流のところへあえて鉄板を用い、「金属は丈夫で資産価値が高く、中古でも高く売れる」とい

アクティバの620万台販売（累計）を伝えるHMSIの広報
出所：HMSIホームページより（2020年1月時点）
https://www.honda2wheelersindia.com/

うインド人購買層の価値観に合わせたという。(2)

ホンダの場合、スクーターを主力製品として新たに業界内での立ち位置、いわゆるポジショニングの面で差別化やコストリーダーシップを実現し、マイケル・ポーター（Porter［1980］［1985］）の競争戦略論を実現しているように見える。しかし多国籍企業として進出したホンダの場合、現実的にはJ・B・バーニー（Barney［2010］）のリソース・ベースド・ビュー（経営資源に基づく戦略論）による優位が先行し、ポジショニングでの優位を獲得したとみなすほうが妥当と言える。

他方、ホンダとの合弁によって技術移転を果たしたヒーロー側も、広範な販売ネットワークという経営資源を持っている。そして多国籍企業の進出や合弁を通じて、市場シェアの高い企業はむしろ、ポーターかバーニーかというような競争優位要素の二項対立ではなく、これら2つの面で優位にあると言っても過言ではあるまい。

以上のごとくスクーター需要を梃子にしたホンダの追い上げは著しいが、将来的にはさらに競争構造を激変しかねない状況がある。直近では2020年にバーラートステージ6と呼ばれる欧州の排ガス規制並みの制度が導入されることになっている（バーラートはインドのこと）。伝統的にホンダは四輪をはじめとしてこうした規制に対して技術的優位に立っている。排ガス規制は段階的に強められ、最終的にインド政府は2030年までに全車両を電気自動車にする計画を宣言している。

二輪の電動化はインドに限ったことではなく、世界的なものとなっており、四輪も含めて部品点数が劇的に減ることを意味している。この結果、既存のガソリンエンジンメーカーのサプライチェーンが大きく変わることが予想され、異業種の参入や提携も増えると考えられる。二輪の電動化は中国や台湾ではすでに進んでいるが、世界一の市場での動向については今後も注意を要することになろう。

【注】

（1）インドのバイクメーカーの海外進出意欲は、日系メーカーとの合弁時代から強く、ヒーローをはじめバジャージ、TVSも同様である。現在バジャージは世界50ヵ国に製品を輸出している。ローカルメーカーの輸出先は近隣の南アジア諸国、東南アジアに集中している。また日本にもバイクが一部輸入されている。海外市場での販売増の背景にはインドの安価な生産システムを活用した欧州バイクメーカーの戦略が絡んでおり、バジャージとトライアンフ（英）、ＴＶＳとＢＭＷとの提携を通じた欧州ブランドの活用も販売増に寄与しているようである。「ホンダ　要の二輪に迫る影」日本経済新聞、２０１９.９.６。

（２）「ホンダのスクーターがインドで爆走する理由　現地独特の価値観に寄り添い、地道に拡大」（森川　郁子）東洋経済オンライン、２０１８.１.４。

参考文献

出水　力［２０１１］『二輪車産業グローバル化の軌跡―ホンダのケースを中心にして』日本経済評論社。

片山　三男［２００３］「日本二輪車産業の現況と歴史的概要」神戸大学経済経営学会『国民経済雑誌』１８８（６）。

島根　良枝［２００６］「インドの二輪車産業―地場独資完成車企業の存在と地場部品企業の能力形成―」佐藤　百合・大原　盛樹編『アジアの二輪車産業：地場企業の勃興と産業発展ダイナミズム』日本貿易振興機構アジア経済研究所。

友澤　和夫［２００７］「本田技研のインド二輪車事業にみる競争関係とデリー一極集中」地理科学学会『地理科学』62（1）、1-20。

善本　哲夫・新宅　純二郎・中川　功一・藤本　隆宏・椙山　泰生・天野　倫文・太田原　準・葛　東昇［２００６］「〈調査報告〉インド製造業のものづくりと日系企業のインド進出―二輪、四輪、家電の事例―」東京大学COEものづくり経営研究センター MMRC Discussion Paper No. 105。

Barney Jay B. [2010] *Gaining and Sustaining Competitive Advantage*, currently in 4th edition, Upper Saddle River, NJ: Pearson/Prentice Hall.（岡田　正大訳『企業戦略論』上、中、下、ダイヤモンド社、２００３年）

Mintzberg Henry, Richard Pascale, Michael Goold, and Richard Rumelt [1996] “The Honda Effect Revisited”,

California Management Review, Volume 38, Number 4.

Porter Michael E. [1980] *Competitive Strategy: Techniques for analyzing Industries and Competitors*, Free Press.（土岐 坤・中辻 萬治・服部 照夫訳『競争の戦略』ダイヤモンド社，１９８５年）

——— [1985] *Competitive Advantage: Creating and Sustaining Superior Performance*, Free Press.（土岐 坤訳『競争優位の戦略』ダイヤモンド社，１９８５年）

ウェブサイト

Auto.com（From The Economic Times）[2019] Top 10 two-wheeler makers in FY19: Bajaj achieves double digit market share（by Pratishtha Nangia）2019 April 10.（Top 10 two-wheeler makers in FY19: Bajaj achieves double digit market share）２０１９．８．31閲覧。

索　引

A－Z

AI……61
BCA……73
BPO……88
CK ハチソン……44
CP オール……14
CP グループ……7
CSR……91
CVC……53
CVCC……189
e－コマース……64
EMS……38
GAP……85
JUKI……81
KOMTRAX……98
LG……37
LIXIL……98
M&A……29
ODM……85
OEM……38
OLI 理論……36
Remittance（送金）……147
SDGs……91
SM グループ……7
SPA……86
TVS……197
VC……53
ZTE……126

ア

アジア NIEs……146
味千……122
アップル……80
アポロホスピタルズ……117
アマンリゾーツ……112
アーリーステージ……71
アリババ・グループ……52
アリペイ……53
アルファベット……55
アントフィナンシャル……59
アンバニ，ムケシュ……4
医療ツーリズム……114
岩塚製菓……123
インドフード……98
インフォーマルセクター……152
インラック……105
ウィワーク……58
ウェスタンユニオン……154
ウェスチングハウス……42
ウォルマート……14
ウーバー……55
——ランド……57
エイサー……38
エージェンシーコスト……17
エージェンシー理論……16
エバーランド……173
オイシ……133

オヨ・ルームズ……………………65
オラ・キャブズ……………………65
オーラム・インターナショナル
……………………………………44
オンライン・トラベルエージェント
(OTA)…………………………70

カ

外資導入型発展……………………32
華潤ビール ………………………127
カワサキ…………………………185
雁行形態論 ………………………84
康師傅（カンシーフー）………… 123
間接金融…………………………175
キットカット ……………………97
キングパワー ……………………104
クウェック …………………………7
クオックグループ…………………45
グーグル……………………………15
錦湖アシアナグループ………… 164
グラブ………………………………58
グラミン銀行………………………90
クリステンセン……………………82
グリーンフィールド型投資………29
クレイジー・リッチ…………………8
クロック，レイ…………………127
ゴジェック …………………………57
寿不動産……………………………11
コーポレートガバナンス…………17
コーポレートベンチャーキャピタル
……………………………………53
小松製作所 …………………………98
ゴムプランテーション ………… 142
コングロマリット…………………23
コンツェルン ………………………22

サ

サイバーエージェント ……………76
ザッカーバーグ，マイケル…………4
サファリコム ………………………98
サムスン……………………………9
サリサリストア……………………99
サリム，アンソニー………………47
サリムグループ……………………33
サリム，スドノ ……………………47
サントリーホールディングス……11
ジアラワノン …………………………7
資源ベース理論……………………16
資産管理会社………………………11
シー，スタン ………………………86
シードステージ……………………71
シー，ヘンリー……………………178
シャオミ……………………………95
社会情緒的資産理論………………17
ジャルムグループ……………………7
循環出資…………………………173
シュンペーター……………………80
ジョブズ，スティーブ ……………80
所有と経営の分離…………………11
ジョリビーフーズ…………………126
シリコンバレー……………………156
シリワッタナプラパー，ビチャイ
……………………………………104
ジレットモデル……………………96
シンガーミシン……………………80
スクーター ………………………192
スズキ……………………………185
スズ鉱山…………………………142

スターバックス……………………133
スナップディール…………………65
スーパーカブ………………………187
スハルト政権………………………47
スマイルカーブ……………………85
住友化学……………………………90
セイコーエプソン…………………96
政策金融……………………………175
セコイア・キャピタル……………55
ゼッカ，エイドリアン……………112
相続税率……………………………171
蘇寧電器……………………………108
ソフトバンクグループ（SBG）…55

タ

タイガーグローバル………………67
大韓航空……………………………165
対内直接投資………………………32
タイムマシン経営…………………61
大漁グループ………………………126
淘宝網………………………………53
タクシン……………………………105
竹の天井……………………………156
多国籍企業…………………………35
タタグループ………………………14
タタサンズ…………………………179
タミルナドゥー……………………142
チエンワノン家……………………46
中国平安保険………………………60
頂新グループ………………………123
直接金融……………………………175
直接投資……………………………29
青島ビール…………………………127
鼎泰豊（ティンタイホン）………126
滴滴出行（ディディ）……………55
デットエクイティレシオ
（D/E レシオ）……………………175
デュシットインターナショナル
……………………………………110
テンセント…………………………55
東芝…………………………………42
トコペディア………………………72
ドラゴン・マルチナショナルズ
……………………………………37
トラベロカ…………………………70
トランスナショナル型……………92
取引コスト…………………………36

ナ

内部化………………………………36
ナスダック上場……………………76
二重経済モデル……………………151
ネスレ………………………………42
ネットイース………………………52

ハ

ハイクビジョン……………………60
海底撈（ハイディラオ）…………126
破壊的イノベーション……………82
バークシャー・ハザウエイ………66
バジャージ…………………………200
85C ベーカリーカフェ……………136
パナソニック………………………95
バーニー，J.B.……………………203
バフェット，ウォーレン…………4
バーラートステージ 6……………204
バーリーとミーンズ………………11
ハルトノ……………………………7

ハーレーダビッドソン…………186
バングラデシュ……………………90
バンコク・ドゥシット・メディカル・サービシーズ（BDMS）………116
韓進……………………………164
ハンド・オン……………………55
ピチャイ，サンダー……………157
ビデオコン………………………94
ヒーローホンダ…………………199
ヒーローモトコープ………197, 202
ヒンドゥスタン・ユニリーバー……………………………89
ファーイーストグループ………110
ファーウェイ……………………126
ファーストパシフィック………33
ファーストリテイリング………85
ファミリーオフィス……………11
フィンテック……………………61
フォーチュン・グローバル500……9
ブミプトラ………………………144
ブラザー…………………………81
ブラック…………………………90
プラハラード……………………88
フランチャイズシステム………128
フリップカート…………………65
プリブミ…………………………144
ブリン，セルゲイ………………15
ブレッドトーク…………………137
プロダクトサイクル論…………84
ブロックチェーン………………153
ペイジ，ラリー…………………15
ベゾス，ジェフ…………………4
ベンチャーキャピタル…………53
ホー，スタンレー………………178
ポーター，マイケル……………203
ホテル・プロパティーズ・グループ……………………………110
ボルタス…………………………94
ボーングローバル企業…………39
ポーンショップ…………………153
ホンダ……………………………185
――・モーターサイクル・アンド・スクーター・インディア（HMSI）……………………………201
――モーター・サイクル・インディア………………………197
鴻海………………………………9
ホンリョングループ…………7, 110

マ

マイクロファイナンス…………90
マクドナルド……………………127
マー，ジャック…………………4
マネジメント・コントラクト方式……………………………111
マヒンドラ&マヒンドラ………98
マラリア防除用ネット…………90
マルチスズキ……………………199
満幇集団…………………………61
ミッタル，ラクシュミー………5
ミレニアム三井ガーデンホテル……………………………110
メイド……………………………130

ヤ

ヤマハ……………………………185
ユニクロ…………………………90
ユニコーン………………………52

友宝（Ubox）……60
ユヌス，ムハマド……90
四小龍……28

ラ

ラッキンコーヒー……134
李　嘉誠……145
李錦記……8
陸金所（Lufax）……60
李　在鎔（イ・ジェヨン）……173
リソース・ベースド・ビュー……203
リバースイノベーション……61, 87
リープフロッグ型発展……98
リライアンスグループ……7
レイザー……69
レイトステージ……74
レスター・シティ……104
レノボ……87
労働者送金……159
ロッテグループ……111

ワ

湾岸危機……159
ワン97コミュニケーションズ……65
旺旺（ワンワン）グループ……123

《著者紹介》

澤田貴之（さわだ・たかゆき）
名城大学経営学部国際経営学科
名城大学大学院経営学研究科
教授　博士（経済学）

主要著書

単著『アジアのコングロマリット―新興国市場と超多角化戦略―』創成社，2017 年。

単著『アジアのビジネスグループ　新興国企業の経営戦略とプロフェッショナル』創成社，2011 年。

単著『アジア綿業史論　英領期末インドと民国期中国の綿業を中心として』八朔社，2003 年。

単著『アジア経済論　移民・経済発展・政治経済像』創成社，2004 年。

単著『インド経済と開発　開発体制の形成から変容まで』（第 2 版）創成社，2003 年。

編著『アジア社会経済論　持続的発展を目指す新興国』創成社，2011 年。

共著『新版　経営から視る現代社会』文眞堂，2014 年。

共著『現代経営と社会』八千代出版，2004 年。

共著『インドを知るための 50 章』（改定版）明石書店，2006 年。


（検印省略）

2020 年 4 月 10 日　初版発行　　略称―アジア新興国

アジア新興国のビジネス
―スタートアップから財閥まで―

著　者　澤田貴之
発行者　塚田尚寛

発行所　東京都文京区春日 2－13－1　株式会社 創成社

電　話 03（3868）3867　F A X 03（5802）6802
出版部 03（3868）3857　F A X 03（5802）6801
http://www.books-sosei.com　振　替 00150-9-191261

定価はカバーに表示してあります。

ISBN978-4-7944-2566-9 C3034
Printed in Japan

組版：緑舎　印刷：エーヴィスシステムズ
製本：エーヴィスシステムズ
落丁・乱丁本はお取り替えいたします。